Le français des affaires

Fremdsprachentexte | Französisch

Le français des affaires

Guide pratique

Von Andrea Gollwitzer

Reclam

Nach einer Konzeption von Margaret Nester und Burkhard Dretzke (*Business Situations*, UB 19727).

RECLAMS UNIVERSAL-BIBLIOTHEK Nr. 19880
Alle Rechte vorbehalten
© 2014 Philipp Reclam jun. GmbH & Co. KG, Stuttgart
Gestaltung: Cornelia Feyll, Friedrich Forssman
Gesamtherstellung: Reclam, Ditzingen. Printed in Germany 2014
RECLAM, UNIVERSAL-BIBLIOTHEK und
RECLAMS UNIVERSAL-BIBLIOTHEK sind eingetragene Marken
der Philipp Reclam jun. GmbH & Co. KG, Stuttgart
ISBN 978-3-15-019880-3

Auch als E-Book erhältlich

www.reclam.de

Vorwort

Le français des affaires. Guide pratique ist für all jene gedacht, die im Geschäftsalltag in direktem Kontakt mit Franzosen stehen und dort in den unterschiedlichsten Situationen Rede und Antwort stehen müssen.

Als **Soforthilfe** einsetzbar, liefert das Buch bei sprachlichen und kulturellen Problemen, die sich im Gespräch mit frankophonen Partnern ergeben können, gezielt und schnell die benötigte Unterstützung, ohne hierfür auf umfangreiche Nachschlagewerke zurückgreifen zu müssen – wozu ohnehin selten Gelegenheit besteht.

Das benutzerfreundliche Format und der Aufbau des Buches gewährleisten einen schnellen und der jeweiligen Situation angepassten Zugriff.

Das **Inhaltsverzeichnis** gibt einen Überblick über die verschiedenen Sachthemen. Neben typischen **Sprachfunktionen** wie dem Äußern von Zustimmung, Widerspruch, Dank, Entschuldigungen und vielem mehr finden sich hier auch **typische Geschäftssituationen**, wie Besprechungen und Verhandlungen, das Erstellen einer Präsentation, Betreuung von Geschäftspartnern sowie viele Tipps zu den Bereichen **Geschäftskorrespondenz** (Geschäftsbriefe, E-Mails) und **Telefonieren**.

Zahlreiche **Interaktions- und Konversationsstrategien** (Wie bringe ich ein Gespräch in Gang und wie halte ich es am Laufen? Wie beende ich es angemessen? Wie lauten die passenden Antworten auf häufig gestellte Fragen? Was sage ich in bestimmten Situationen besser <u>nicht</u>?) helfen Ihnen, mit Ihren französischsprachigen Geschäftspartnern ungezwungen und doch korrekt zu kommunizieren.

Nützlich sind zudem die vielfältigen Tipps zu Grammatik, Wortschatz, Aussprache und Stil; typisch französische Phrasen, Redewendungen und Dialoge bieten weitere Anregungen für den Sprachgebrauch.

Ein **Extrateil (Annexe)** bietet neben Angaben zur französischen Aussprache der Buchstaben zwei phonetische Alphabete, die Ihnen das Buchstabieren erleichtern, sowie nützliche Hinweise zu den Sonderzeichen der französischen Sprache, zu Satzzeichen und Symbolen, Zahlen, Datums- und Zeitangaben.

Die deutsche Übersetzung schwieriger Wörter und Ausdrücke findet sich direkt auf der jeweiligen Seite. Dies trägt, zusammen mit dem Layout und dem Format des Buches, zu dessen Benutzerfreundlichkeit bei und ermöglicht rasche Hilfe in vielfältigen Situationen.

Andrea Gollwitzer

Im Glossar verwendete französische Abkürzungen

admin.	administratif
f.	féminin
fam.	familier (umgangssprachlich)
fig.	sens figuré (übertragen)
loc.	locution (Redewendung)
m.	masculin
péj.	péjoratif (abwertend)
pl.	pluriel
qc.	quelque chose
qn.	quelqu'un
subj.	subjonctif

Table des matières

Se rencontrer

1. Premier contact 11
2. Présenter quelqu'un, se saluer lors de retrouvailles 22
3. Accueillir et prendre congé 31
4. Décrire son parcours 40
5. Parler d'économie et de son entreprise 48

Qualités relationnelles

6. Savoir s'exprimer en toutes circonstances 61
7. Vers une meilleure écoute 81
8. Le *small talk* à la française: comment entamer et poursuivre une conversation avec naturel 96
9. Déjeuners et dîners d'affaires 107
10. Savoir présenter une demande 123

Communication commerciale

11. Réunions de travail 135
12. Réussir sa présentation 151
13. Réussir ses négociations commerciales 165
14. Faire visiter son entreprise 182
15. Au téléphone 190
16. Correspondance commerciale 206

Annexe

17. Savoir épeler correctement 221
18. Nombres cardinaux et ordinaux 226
19. La date 231
20. Donner l'heure 232
21. Organigramme type d'une société française 234
22. Noms français des *länder* 236

Table des matières

Se recontrer

1. Prendre contact ...
2. Tisser et approfondir se tisser ... de relations ...
3. Accueillir et prendre soin ...
4. Plaider son parcours ...
5. Parler d'économie et de son entreprise ...

Que faire relationnel ...

6. Savoir s'exprimer en toutes circonstances ...
7. Savoir mieux se connue ...
8. Développer la confiance, comprendre en amont et poursuivre une conversation avec ... ...
9. Déjouer les contre-arguments ...
10. Savoir présenter un exemple ...

Communication commerciale

11. Pratiques de vente ...
12. Mener une présentation ...
13. Mener ses négociations commerciales ...
14. Mener vite et son entreprise ...
15. Au téléphone ...
16. Correspondance commerciale ...

Annexe

17. Savoir épeler ... ...
18. Nombres, quantités et ordinaux ...
19. La date ...
20. Donner l'heure ...
21. Organigramme d'une société française ...
22. Noms français des États ...

Se rencontrer

1. Premier contact

A. Se présenter

Toute communication avec des personnes d'une autre culture comporte un ensemble d'attitudes, de gestes, de marques de politesse etc. La connaissance des règles qui constituent le savoir-vivre de nos voisins français est donc aussi essentielle que la maîtrise de la grammaire et du lexique de la langue française. S'exprimer avec assurance, engager une conversation et, surtout, la poursuivre – ça s'apprend! De nos jours, les gens s'attendent à ce que vous les abordiez et à ce que vous vous présentiez. C'est donc à vous de lancer une conversation. Comment faire et que dire?

Phrases utiles

Bonjour, Madame/Monsieur, vous me permettez de me présenter? Mon nom est …

Excusez-moi. Je ne me suis pas encore présenté(e). Je suis … / Je m'appelle … Est-ce que je peux vous demander votre nom?

Enchanté(e) de faire votre connaissance. Je suis …

Ravi(e) de vous rencontrer. Comment allez-vous?

Conversation (1)

A: Bonjour, Madame. Permettez-moi de me présenter. Je suis Richard Dupont. Je travaille pour XXL.

B: Bonjour M. Dupont. Gabi Schneider.

---

4 les attitudes (f. pl.): hier: Verhaltensmuster. | 8 **s'exprimer avec assurance** (f.): sich (selbst)sicher ausdrücken. | 9 **poursuivre**: fortführen. | 10 **aborder qn:** jdn. ansprechen, auf jdn. zugehen. | 11 **lancer une conversation:** ein Gespräch in Gang setzen, beginnen.

A: Ah, Madame Schneider! Je suis ravi de vous rencontrer en personne. Je vous ai déjà eu plusieurs fois au téléphone.

B: Oui, en effet, je me souviens. Très heureuse de vous rencontrer. Comment allez-vous?

Bon à savoir

- Un simple *Bonjour* peut être suffisant, mais mieux vaut dire *Bonjour, Madame* ou *Bonjour, Monsieur*. Même si vous connaissez le nom de la personne, ne dites pas *Bonjour, Madame Lenoir*. En fin d'après-midi, le *Bonjour* se transforme en *Bonsoir*, suivant les mêmes règles. D'ailleurs, on ne dit *Bonne nuit* qu'avant d'aller se coucher.
- Les personnes se rencontrant pour la première fois se serrent généralement la main en disant: *Enchanté(e) / Ravi(e) / Très heureux/heureuse de faire votre connaissance.*
- Lorsque vous entrez dans un magasin ou un restaurant, il est normal de saluer les personnes présentes avec un *Bonjour, Messieurs-dames!* général.
- *Mademoiselle* en France n'est pas aussi mal vu que *Fräulein* en allemand, surtout si vous l'appliquez aux très jeunes femmes. Par contre, pour vous adressez à une femme qui a dépassé la trentaine utilisez toujours *Madame*. Sachez qu'il est de plus en plus courant de s'adresser aux jeunes femmes en employant également le terme *Madame*.

À savoir

Quelques locutions avec le verbe *(s')appeler*: Vous dites *Comment s'appelle-t-elle déjà?* quand vous avez oublié le nom de la personne en question. *Appeler un chat un chat si-*

---

1 f. **rencontrer qn en personne** (f.): jdn. persönlich kennenlernen. |
27 **appeler un chat un chat** (loc.): das Kind beim Namen nennen.

gnifie parler directement et sans détour. Lorsque quelqu'un vous *appelle à propos de tout et de rien*, cette personne vous téléphone sans cesse et vous embête en vous racontant des choses sans importance.

B. Entamer une conversation

On prend généralement des nouvelles de la santé de son interlocuteur en demandant: *Comment allez-vous?* ou, tout simplement: *Comment ça va?*

La question *Comment allez-vous?*, quand présentée à une autre personne lors d'une première rencontre, n'attend d'autre réponse que: *Très bien, merci. Et vous?* Votre santé ou votre moral n'intéressent pas forcément les autres, donc ne répondez surtout pas (même si c'est vrai): *Moi, ça va. Mais mes parents commencent à être âgés.* Ou encore: *Aujourd'hui, ça ne va pas du tout. Vous savez, depuis mon opération je souffre le martyr.*

Questions possibles
Comment allez-vous? / Comment ça va?

Réponses possibles
Merci, je vais très bien. / Merci, ça va bien. Et vous?
Je n'ai aucune raison de me plaindre. Comment allez-vous?
À merveille!

Autres petites phrases pour faire connaissance
Parlez-moi de vos enfants / de votre famille.
Quel est votre passe-temps favori?
Que faites vous de votre temps libre?

---

1 **parler sans détour** (loc.): ganz offen sprechen. | 3 **embêter qn** (fam.): jdn. nerven, auf die Palme bringen. | 5 **entamer:** (hier:) beginnen.

Quels sont vos loisirs?

Quel temps fait-il en ce moment chez vous?

Comment avez-vous appris à skier / à jouer de la guitare / à parler français?

Est-ce que le rythme de vie est le même dans votre ville?

Conversation (2)

Monsieur M.:	Excusez-moi, Madame. Parlez-vous allemand?
Madame D.:	Non, pas du tout. Je suis désolée.
Monsieur M.:	Français?
Madame D.:	Oui, je suis Française.
Monsieur M.:	Formidable. Permettez-moi de me présenter. Frank Müller. Je suis Allemand.
Madame D.:	Enchantée. Aline Décrois. De quelle région d'Allemagne venez-vous, Monsieur Müller?
Monsieur M.:	Je suis de Stuttgart. C'est dans le sud-ouest de l'Allemagne. Vous connaissez?
Madame D.:	Bien sûr que je connais. J'y suis déjà allée plusieurs fois et je trouve que c'est une ville très sympa et intéressante. Et vous vous plaisez ici en France?
Monsieur M.:	Oui, beaucoup. C'est un très beau pays et je me suis déjà bien acclimaté.
Madame D.:	Parfait. Alors, bon séjour en France et peut-être à la prochaine.
Monsieur M.:	Je serais ravi. Au revoir, Madame.

20 f. **qn se plaît en France:** jdm. gefällt es in Frankreich.

À savoir

- En général, **les noms de pays** sont féminins (*la France*, *la Belgique*). Quelques-uns sont cependant masculins, comme par exemple *le Royaume-Uni*, *le Japon*, ou masculins-pluriels, comme *les États-Unis*.
- Si vous parlez d'exportation *vers* un pays, utilisez *en* avec les noms féminins et *au* ou *aux* avec les noms masculins-pluriels: *Vous exportez vos produits aussi en Allemagne? Nous vendons nos produits surtout en France et au Royaume-Uni. Et nous sommes sur le point d'établir des relations commerciales aux États-Unis.*
- Pour les **régions** au masculin et au pluriel dites *dans*: *dans le Brandebourg*, *dans les Alpes*. Pour les **îles** au féminin dites *à la / à l'…*: *Nous irons à la Guadeloupe et à l'île Maurice l'année prochaine.*
- Pour les **villes** et les **îles** au masculin dites *à*: *Actuellement, nous avons des succursales à Madagascar, à Paris et à Munich.*

Conversation (3)

Madame A: Elle est bien agréable cette soirée, n'est-ce pas?

Monsieur B: Oui, tout à fait. Vous avez déjà grgmpf-pfouf…?

Madame A: Excusez-moi, Monsieur. Mais pourriez-vous parler un peu plus lentement, s'il vous plaît? Je regrette, mais j'ai du mal à vous comprendre. Je suis Allemande et je me débats encore un peu avec votre langue. Désolée.

27 se débattre avec qc: sich mit etwas schwertun, mit etwas auf Kriegsfuß stehen.

> **Monsieur B:** Mais non, c'est à moi de m'excuser, Madame. Vous vous débrouillez très bien en français. Et je ferai de mon mieux pour parler plus distinctement.
>
> **Madame A:** C'est gentil à vous, Monsieur, j'apprécie beaucoup!

Conseil

Si vous avez des difficultés à comprendre ce que votre interlocuteur dit, soit qu'il parle trop vite, soit qu'il ne prononce pas très bien ses mots, vous pouvez toujours lui demander: *Pardon, je ne comprends pas / je n'ai pas très bien compris votre nom. Pouvez-vous répéter, s'il vous plaît? / Vous pouvez parler un peu plus lentement / moins vite, s'il vous plaît?/ Pourriez-vous parler un peu plus fort, s'il vous plaît? / Pardon, je ne connais pas cette expression. Qu'est ce que cela veut dire exactement? / Comment ça s'écrit? / Comment ça se prononce?* (Voir p. 81 f.)

C. Parler de votre vie professionnelle

Dans le monde des affaires internationales, il faut savoir parler de son parcours professionnel de manière claire et ouverte. Les phrases types suivantes peuvent vous être utiles.

Phrases utiles

Je suis … / Je travaille comme … / J'ai un statut de …

---

2 **se débrouiller en français:** ganz gut Französisch sprechen (*se débrouiller*, fam.: zurechtkommen). | 3 **faire de son mieux:** sein Möglichstes, Bestes tun. | 3 f. **distinctement:** deutlich.

Je suis chargé(e) de … / Je m'occupe de … / Je suis responsable de …

Je travaille chez/pour … (nom de la société).

Questions possibles

5 Que faites-vous dans la vie?

Quelle est votre profession?

Répliques possibles

Je suis salarié(e) d'une grande entreprise.

Je travaille dans l'agroalimentaire.

10 Je suis responsable du département sécurité.

Je travaille dans une usine chimique.

Je suis chef de production / avocat(e) / conseiller (-ère) / comptable / ingénieur (diplômé) / employé(e) municipal(e), etc.

Je suis responsable du marketing dans une multinationale

15 spécialisée dans les produits cosmétiques naturels et biologiques.

Je travaille au service qualité.

Je suis chargé(e) du lancement d'un nouveau produit sur le marché français.

20 En qualité d'assistant(e) du chef de produit, mon travail consiste surtout dans la conception assistée par ordinateur.

8 **le salarié / la salariée:** Arbeitnehmer(in) (*les salariés d'une entreprise:* Belegschaft). | 9 **l'agroalimentaire** (m.): *l'industrie agroalimentaire:* Nahrungsmittelindustrie, Lebensmittelsektor. | 12 **un avocat / une avocate:** Rechtsanwalt/-anwältin. | **le conseiller / la conseillère:** Berater(in), Sachverständige(r). | 12 f. **le/la comptable:** Buchhalter(in). | 13 **un ingénieur / une ingénieure:** Ingenieur(in). | **un employé municipal / une employée municipale:** Angestellte(r) bei der Stadt, städtische(r) Angestellte(r). | 14 **la multinationale:** multinationaler Konzern. | 17 **le service qualité:** Abteilung für Qualitätskontrolle. | 21 **la CAO.** *la conception assistée par ordinateur:* computergestütztes Design, CAD (computer-aided design).

Je travaille comme prestataire externe.

Je suis à mon compte / Je travaille en free-lance / Je suis comptable libéral(e).

Je me suis mis(e) à mon compte l'année dernière.

Je travaille à mi-temps, puisque je dois m'occuper de nos enfants l'après-midi.

Je travaille à temps plein.

Je fais un stage en entreprise chez … (nom de la société).

Conversation (4)

A: Et qu'est-ce que vous faites dans la vie?

B: Je suis cadre dirigeant dans l'entreprise SOL.

A: Comme c'est intéressant! Vous avez donc beaucoup de responsabilités?

B: Ça, vous pouvez le dire. Comme les affaires marchent bien, j'ai de plus en plus de responsabilités. Franchement, je souhaiterais déléguer certaines tâches quotidiennes, mais ce n'est pas si facile que ça.

A: À qui le dites-vous? Je suis directeur financier et chef d'équipe de 15 personnes. Je ne veux pas dire que mes collaborateurs ne s'impliquent pas assez, mais, en fin de compte, c'est encore moi qui dois faire le travail.

---

1 **le prestataire** (de services): Dienstleister. | 2 f. **être à son compte /
travailler en free-lance / être … libéral(e):** als Selbständige(r) arbeiten, selbständig sein. | 4 **se mettre à son compte:** sich selbständig
machen. | 5 **travailler à mi-temps:** halbtags arbeiten. | 8 **le stage
(en entreprise):** Praktikum. | 11 **être cadre dirigeant:** im Topmanagement sein (*le cadre:* leitende[r] Angestellte[r]). | 20 **s'impliquer:** sich
einsetzen, sich einbringen | 20 f. **en fin de compte:** letztendlich. |
21 **c'est encore moi qui dois faire le travail:** etwa: die Arbeit bleibt
immer an mir hängen.

À savoir

- Une entreprise est composée de divers *services* ou *départements*. Il n'y a pas de différence de sens.
- Un grand magasin est divisé en *rayons*, p.ex. *le rayon enfant*, *le rayon homme*, etc.

Conversation (5)
(Au Salon de l'automobile)

Monsieur Furet:	Belle voiture, n'est-ce pas?
Monsieur Leclerc:	Oui, superbe!
Monsieur Furet:	Vous êtes vendeur automobile?
Monsieur Leclerc:	Non, non, je suis médecin, mais j'ai un faible pour les voitures en général. Mais permettez-moi de me présenter – Alain Leclerc.
Monsieur Furet:	Très heureux. Hervé Furet et voici mon collègue, Yves Leblanc.
Monsieur Leclerc:	Enchanté. Et vous, vous travaillez dans quelle branche?
Monsieur Furet:	Nous sommes dans la télécommunication. Je suis directeur des ventes pour la société InterNat et Monsieur Leblanc est mon assistant.
Monsieur Leclerc:	Très intéressant. Et qu'est-ce qui vous amène ici?
Monsieur Furet:	Nous cherchons une nouvelle voiture de fonction pour Monsieur Leblanc, qui est,

---

4 **le grand magasin:** Kaufhaus. | **le rayon:** Abteilung. | 4 f. **le rayon enfant:** Kinderabteilung. | 5 **le rayon homme:** Herrenabteilung. | 25 f. **la voiture de fonction:** Geschäfts-, Firmenwagen.

	me semble-t-il, très intéressé par ce mo- dèle-ci.
Monsieur Leclerc:	Très bon choix! C'est le modèle le plus demandé pour le moment. Mais, il est déjà tard. Il faut que je parte. J'ai encore du boulot qui m'attend. Au revoir, Messieurs, et bonne fin de journée.
Monsieur Furet:	À vous aussi. Au revoir, Monsieur.

Bon à savoir

- On présente souvent une personne avec *voici* ou *c'est*: *Voici Monsieur Lukas.* / *Lui, c'est Paul et elle, c'est Anne.*
- Le mot *Salon* avec majuscule désigne toujours une exposition.
- En France, vous entendrez souvent parler de *boulot* et de *bosser*. *Boulot* est familier et synonyme de *travail*. L'accent est mis soit sur la quantité de travail (*un vrai boulot, un petit boulot*), soit sur la fonction et la régularité du travail effectué (*Maintenant au boulot!*). Le verbe *bosser* est synonyme de *travailler dur et beaucoup*. Avec les mots *métro – boulot – dodo*, le Français – et surtout le Parisien – décrit sa vie de tous les jours, c'est-à-dire, aller au travail (*en métro*), travailler dur (*boulot*) et rentrer à la maison le soir pour se coucher (*faire dodo*).

À savoir

Les expressions *il faut que . . .* / *il est nécessaire que . . .* / *il faudra que . . .* / *il faudrait que . . .* (donc les expressions exprimant la nécessité ou l'obligation) sont suivies d'un verbe au subjonctif, par exemple: *Il faut que je **puisse** travailler tranquillement.* / *Il est nécessaire que vous **soyez** de retour avant le 10 août.* / *Il faudra que nous **soyons** très attentifs aux nou-*

velles instructions. On utilise entre autres le subjonctif pour exprimer des sentiments et des souhaits, par exemple: *J'aimerais qu'on **termine** la réunion à l'heure prévue.*

2. Présenter quelqu'un, se saluer lors de retrouvailles

A. Faire les présentations

Présenter une personne aux autres

Permettez-moi de vous/te présenter …
M. Picard, je vous présente M. Gandy.
J'ai le plaisir de vous présenter … (dans une réunion)
Voici …
Je vous/te présente …
Voici Monsieur Lukas.
Monsieur Lukas, c'est Alain Durain, un de mes collaborateurs.

Entrée en matière

Vous avez fait bon voyage?
Je peux vous offrir un café ou un thé?
Comment allez-vous? / Ça va (bien)?
Comment vont les affaires?

Conversation (1)
(Roger présente Alain Dupont à sa femme Christine)

Roger: Christine, je te présente un de mes nouveaux collègues, Alain Dupont, qui est passionné de golf, tout comme toi.
Christine: Enchantée de faire votre connaissance, Monsieur Dupont.
Alain: Enchanté, Madame.

---

2 **les retrouvailles** (f. pl.): Wiedersehen. | 11 **le collaborateur / la collaboratrice:** Mitarbeiter(in).

Conversation (2)
(Monsieur Dubois présente Monsieur Fuchs à son assistante Silvie)

M. Dubois: Monsieur Fuchs, puis-je vous présenter le reste de l'équipe? Voici Silvie, mon assistante.

M. Fuchs: Ravi de vous connaître, Madame.

Silvie: Enchantée de faire votre connaissance.

M. Fuchs: Vous êtes sans doute la spécialiste en informatique. J'ai beaucoup entendu parler de vous.

Conversation (3)
(Jacques présente Hans à René)

Jacques: Bonsoir, René. Permettez-moi de vous présenter Monsieur …. euh … Soyez gentil de bien vouloir m'excuser, mais j'oublie tout en ce moment, même votre nom, que je connais pourtant bien …

Hans: Ce n'est pas grave. Ce sont des choses qui arrivent. Permettez-moi de me présenter. Hans Schneider.

René: Enchanté. René Degrelle. Je travaille dans le même département que Jacques.

Hans: Enchanté.

Conversation (4)
(Claudine se présente à Alain)

Claudine: Bonsoir. Je crois que l'on a oublié de nous présenter. Claudine Leblanc.

Alain: Enchanté, Madame. Alain Dupont.

À savoir
Je peux … est la première personne du verbe *pouvoir* dans le langage courant; *Je puis* … est la première personne du même verbe dans le langage soigné. Si vous posez une question, l'inversion **Peux-je …?* n'est pas possible. On dit: *Puis-je (vous présenter …)?*

Conseils
- En règle générale, présentez un homme à une femme, une personne plus jeune ou d'une position sociale moindre à une personne plus âgée ou d'une position sociale plus élevée. L'importance de la personne l'emporte sur le sexe et sur l'âge.
- Lorsque vous présentez une personne à une autre, ajoutez si possible un petit détail sympathique la concernant. Faites en sorte de trouver des points communs aux personnes que vous présentez pour leur permettre ainsi d'entamer plus facilement la conversation.
- **Serrer ou ne pas serrer la main lors des salutations?** Normalement, lorsque vous êtes présenté à une autre personne, il est préférable d'attendre que l'autre personne vous tende la main, pour prendre la sienne. Les hôtes, les femmes et les personnes âgées ou d'un certain rang social se serrent la main. De ce fait, vous ne serez pas obligé de serrer la main aux autres personnes déjà présentes dans la pièce. Serrez la main de votre hôtesse/hôte et souriez à tous les autres en lançant un *bonjour* général.
- *Tu* ou *vous* – **règles du vouvoiement.** Aujourd'hui, l'usage du tutoiement est de plus en plus répandu, notamment parmi les jeunes générations, même à la première

11 **l'emporter sur qc:** hier: den Vorrang vor etwas haben. | 18 **serrer la main à qn:** jdm. die Hand geben.. | 27 **le vouvoiement:** Siezen.

rencontre et sans distinction de sexe. Cette évolution peut être attribuée à l'influence de la langue anglaise, dans laquelle le pronom personnel *you* est perçu comme l'équivalent du *tu* français. On oublie souvent, que ceci n'est pas nécessairement vrai, puisque *you* signifie aussi *vous*. Le *tu* spontané est d'usage dans certains clubs ou associations, parmi collègues d'une entreprise d'un même rang hiérarchique, etc. Cela a pour effet de renforcer le sentiment d'unité et d'appartenance au groupe. Grâce au tutoiement, une communication plus directe et franche s'installe. De l'autre côté, en France comme en Allemagne, vouvoyer une personne est toujours une façon de lui montrer son respect. Par conséquent, dites *vous* lorsqu'il s'agit d'une première rencontre, d'une personne plus âgée que vous ou d'un(e) supérieur(e) hiérarchique. Le passage du *vous* au *tu* marque l'évolution d'une relation, et c'est la personne la plus âgée ou celle qui se trouve dans une position hiérarchique supérieure (ou encore celle, qui est la plus courageuse) qui prend l'initiative de demander *Et si l'on se disait tu?*

Bon à savoir
Dans les régions du sud de la France, dire *tu* dès la première rencontre est beaucoup plus normal que dans le nord.

Conversation (5)
(Pierre présente son vieux copain Ludovic à Laure)
Pierre: Tiens Laure, voici Ludovic, l'un de mes plus vieux amis. Lou, je te présente Laure, ma secrétaire et assistante.

15 **un supérieur / une supérieure hiérarchique**: Vorgesetze(r).

Si vous n'avez pas bien compris

Si vous n'avez pas bien entendu ou retenu le nom de votre interlocuteur lors des présentations, vous pouvez dire:

Je suis désolé(e), je ne suis pas sûr(e) d'avoir saisi votre nom. Voulez-vous bien me le rappeler, s'il vous plaît?

Conseil

Il est considéré comme poli de prononcer correctement un nom. Certaines personnes risquent de se vexer si on ‹déforme› leur nom; alors évitez de modifier un nom à votre gré.

B. Salutations lors de retrouvailles

Il est sans doute plus facile de parler à une personne dont on a déjà fait la connaissance et dont on connaît quelques préférences personnelles. Voici quelques phrases d'introduction et les réponses possibles:

Phrases d'introduction	**Réponses possibles**
Bonjour/Bonsoir/Salut. Comment allez-vous?	Je vais très bien, merci. Et vous? / Je ne peux pas me plaindre. Et vous?

4 **retenir qc:** sich etwas merken. | 8 **saisir qc:** hier: etwas verstehen. | 12 **se vexer:** gekränkt, beleidigt sein (*se vexer de qc:* etwas übelnehmen).

Comment va votre femme / votre mari / votre famille?

Ça va bien. / Tout le monde est en pleine forme.

C'est un plaisir de vous revoir, Monsieur Dupont. / Merci d'avoir accepté mon invitation.

Tout le plaisir est pour moi. / Merci de votre invitation.

Conversation (1)

M. Lepont: Bonsoir, Monsieur Schneider. Vous nous avez facilement trouvé? Le trajet est un peu compliqué.

M. Schneider: Bonsoir, Monsieur. Pas de problèmes. Vous m'avez très bien décrit le chemin.

M. Lepont: Dites-moi, vous vous plaisez ici en France?

M. Schneider: Oui, beaucoup. Les gens sont très aimables et l'on entre facilement en contact avec eux.

M. Lepont: Comment va votre femme? J'espère qu'elle va bien.

M. Schneider: Oui, elle va très bien, merci. Avant mon départ en France, nous sommes allés en thalasso en Suisse, ce qui nous a fait le plus grand bien.

Conversation (2)

M. Ducroix: Bonsoir, Monsieur Marais. Quel hasard de se retrouver ici. Ça me fait plaisir de vous revoir. Comment allez-vous?

M. Marais: Bonsoir, Monsieur Ducroix. Quel plaisir de vous rencontrer ici.

9 **le trajet:** Strecke, Weg. | 19 f. **thalasso:** *la thalassothérapie:* Bäderkur.

M. Ducroix:	Si je me souviens bien, la dernière fois vous me parliez de votre nouveau projet. Êtes-vous satisfait de son déroulement?
M. Marais:	Oui, oui, tout à fait. Pour le moment, l'échéancier semble être respecté à tout point de vue, ce qui est très important à ce stade-ci.
M. Ducroix:	Ça fait plaisir à entendre. Alors, bonne continuation!

Conversation (3)

Chris:	Salut Paul. Heureux te voir ici. Ça fait une éternité que nous ne nous sommes pas vus. Comment ça se passe au boulot?
Paul:	Salut! Quelle coïncidence de te retrouver ici. Ça va, merci. Et toi?
Chris:	En fait, ça pourrait aller mieux.
Paul:	Qu'est-ce qui ne va pas? Raconte!
Chris:	Rien d'extraordinaire. C'est devenu assez stressant, tu sais. Aujourd'hui, il faut énormément s'impliquer pendant toute la journée et je suis crevé en ce moment …
Paul:	Je comprends très bien. Pourquoi ne pas prendre quelques jours de congé, alors?
Chris:	Hélas, comme le bureau ne ferme qu'en août, je dois prendre mes vacances même plus tard que d'habitude.

4 f. **un échéancier:** Terminplan (Fälligkeitsverzeichnis). | 5 **à tout point de vue:** in jeder Hinsicht. | 19 **être crevé(e)** (fam.): am Ende sein, nicht mehr können. | 23 **hélas!:** leider! ach!

Conversation (4)

Laure: Salut Thierry. Heureuse de te revoir. Tu as l'air en pleine forme.

Thierry: Salut Laure. Oui, ça va pour le mieux. Et toi?

Laure: Je ne peux pas me plaindre. Tu es encore en contact avec Jean et Claire?

Thierry: Oui, bien sûr. D'ailleurs, je viens de les rencontrer ce matin. Ils vont très bien.

Laure: Ça fait plaisir à entendre. Je commençais à sérieusement me faire du souci; ils ne se sont plus manifestés depuis longtemps.

Bon à savoir

La question *Comment allez-vous?* est plus formelle que *Ça va?*, qui reste cependant la plus répandue et qui s'entend souvent entre connaissances et amis. Contrairement à la première rencontre, entre connaissances il est alors normal de parler de soi-même et aussi de ses préoccupations.

Conseils

- Intéressez-vous sincèrement à ce qui intéresse ou inquiète votre vis-à-vis, en disant, par exemple: *Quel dommage!* (quand vous regrettez quelque chose) / *Quelle histoire!* (quand vous êtes vraiment surpris, impressionné ou même indigné) / *Chapeau!* (plutôt familier, pour montrer que vous êtes vraiment impressionné, touché ou surpris par ce que l'autre vous dit)
- Essayez de poser des questions ouvertes: *Pourquoi ... ?*,

4 **ça va pour le mieux:** mir geht's bestens. | 5 **Je ne peux pas me plaindre:** Ich habe keinen Grund, mich zu beklagen. | 10 f. **se manifester:** von sich hören lassen, sich melden. | 17 **la préoccupation:** Sorge.

Quand ... ?, Où ... ?, etc. afin d'encourager votre vis-à-vis à parler.

- Essayez de dire des choses gentilles et flattez un peu votre vis-à-vis. Vous pouvez toujours complimenter quelqu'un sur son physique, sa maison ou son comportement, pour ainsi donner matière à la conversation, par exemple en disant: *Vous avez l'air vraiment bien. Comment arrivez-vous à faire ça? / Que faites-vous pour garder la forme? / Tu as l'air en pleine forme. / Vous tenez si bien votre maison, même avec trois enfants et deux chiens. / J'apprécie à quel point vous êtes bien organisé(e) pour nos réunions. Cela rend le travail beaucoup plus facile.*
- Évitez d'être sarcastique ou ironique. S'il vous faut absolument faire une critique, vous pouvez commencer par: *Je vous comprends très bien. Si j'étais à votre place, il est probable que j'en aurais fait tout autant, mais ...*

---

16 **en faire autant que qn:** es jdm. nachtun, genauso handeln.

3. Accueillir et prendre congé

A. Souhaiter la bienvenue à une relation d'affaires

L'accueil d'un partenaire commercial en entreprise est un moment privilégié. C'est dans les premiers instants que se joue l'image d'une entreprise. Un excellent premier contact est donc très important.

Première rencontre

Bonjour, Monsieur Morel. Soyez le bienvenu chez Loop. (Notez qu'en parlant à une femme, vous dites: Soyez la bienvenue.)

Bonjour, Madame Marrât. Je suis très heureux(-euse) de pouvoir vous accueillir dans notre entreprise.

Rencontres ultérieures

Bonjour, Monsieur Bellefort. Je suis très heureux(-euse) de vous revoir. Merci d'avoir fait le déplacement.

Comment allez-vous?

Avez-vous fait bon voyage?

Comment s'est passé votre voyage?

Combien de temps avez-vous à disposition?

Quel mauvais temps il fait aujourd'hui. Est-ce qu'en Allemagne c'est la même chose en ce moment?

Est-ce que je peux vous débarrasser de votre manteau?

Prenez place, s'il vous plaît. / Veuillez vous asseoir un instant.

1 **prendre congé de qn**: sich von jdm. verabschieden. | 2 **la relation d'affaires**: Geschäftsfreund(in). | 3 **le partenaire commercial**: Geschäftspartner (*les relations d'affaires*: Geschäftsverbindungen, -beziehungen). | 22 **Est-ce que je peux vous débarrasser de votre manteau?**: Darf ich Ihnen den Mantel abnehmen?

Je préviens Monsieur Delamaire de votre arrivée. / Monsieur
  Delamaire ne devrait pas tarder.
Puis-je vous offrir quelque chose à boire?
Si vous voulez bien me suivre, je vous conduis au bureau de
  Monsieur Lemaire.

Conversation (1)
(Une première rencontre à l'aéroport)

M. Grenade: Madame Gonzales? Lorena Gonzales?

Mme Gonzales: Oui, c'est bien moi.

M. Grenade: Enchanté, Madame. Henri Grenade de la
société Maréchal. Je suis venu vous chercher et vous conduire à l'entreprise.

Mme Gonzales: Enchantée. Merci d'être venu.

M. Grenade: Je vous en prie. Vous avez fait bon voyage?

Mme Gonzales: Oui, merci. Pour une fois, l'avion est arrivé à l'heure.

M. Grenade: Vous n'avez pas d'autres bagages? Seulement cette valise grise?

Mme Gonzales: Oui, la valise et ma serviette, c'est tout.

M. Grenade: Si vous voulez bien me suivre. La voiture
est à deux pas d'ici.

Mme Gonzales: Alors, allons-y!

M. Grenade: C'est la première fois que vous êtes en
France?

Mme Gonzales: Non, non, je suis déjà venue de nombreuses fois. En fait, je viens assez réguliè-
rement.

2 **tarder:** auf sich warten lassen. | 15 **pour une fois:** (doch) einmal, dieses
eine Mal. | 15 f. **arriver à l'heure:** pünktlich eintreffen, landen, ankom-
men. | 21 **être à deux pas:** in der Nähe sein.

M. Grenade:	Quel temps fait-il au Mexique actuelle-ment?
Mme Gonzales:	Depuis un mois, il fait très chaud et très sec.
M. Grenade:	Ici, pour le moment, il pleut tous les jours. Dites-moi, vous parlez très bien français. Où avez-vous appris à parler aussi bien?

Conversation (2)

Réceptionniste:	Bonjour, Monsieur.
M. Bécarre:	Bonjour.
Réceptionniste:	Que puis-je faire pour vous?
M. Bécarre:	Monsieur Bécarre de la société ECRU. J'ai rendez-vous avec Monsieur Sonnet à dix heures.
Réceptionniste:	Bienvenu, Monsieur Bécarre. Monsieur Sonnet vient de sortir d'une réunion. Il vous recevra dans quelques instants. Voulez-vous vous asseoir une minute?
M. Bécarre:	Merci.
Réceptionniste:	Puis-je vous offrir quelque chose à boire?
M. Bécarre:	Volontiers. Vous avez du café?
Réceptionniste:	Oui, bien sûr. Un café noir?
M. Bécarre:	Oui, s'il vous plaît, sans sucre.
Réceptionniste:	Avez-vous trouvé notre adresse facile-ment?
M. Bécarre:	Oui, sans problèmes.

9 **le/la réceptionniste:** Empfangschef/-dame.

À savoir

- Utilisez l'article partitif (c'est-à-dire *de + article défini*) pour indiquer une partie, une certaine quantité de quelque chose, par exemple: Vous avez **du** café? / Il faut acheter **du** pain, **de la** confiture, **de l'**huile, **des** légumes.
- Notez bien qu'avec les verbes *aimer, détester, préférer*, etc. on utilise l'article défini: *J'aime **le** fromage et **la** viande mais je déteste **les** pâtes.*
- Avec la négation, *de* remplace les articles partitifs et indéfinis: *Je ne bois pas **d'**alcool et je ne mange plus **de** bananes et **de** viande.*
- Avec les expressions de quantité (*une bouteille de, un kilo de, un verre de*, etc.), *de* remplace les articles partitifs: *Je prends encore un morceau **de** gâteau. Ce matin, j'ai acheté **deux kilos de** bananes.*

Conversation (3)
(Aline et Isabelle, deux amies de longue date, se croisent pendant une réunion)

Aline: Tiens, Isabelle, quelle joie de te revoir ici à Strasbourg. J'ai entendu dire que tu as déjà déménagé à Avignon.

Isabelle: Oui, c'est vrai. Tout s'est fait très vite. J'ai dû prendre mes nouvelles fonctions un mois plus tôt que prévu. J'ai emménagé depuis peu dans un petit appartement dans la vieille ville d'Avignon, mais je suis encore dans les cartons.

Aline: Et l'appartement, il est grand?

---

8 **les pâtes** (f. pl.): Teigwaren. | 17 **se croiser:** einander begegnen. | 25 **la vieille ville:** Altstadt. | 26 **être encore dans les cartons** (fam.): noch aus den (Umzugs-)Kartons leben, sich noch nicht eingerichtet haben.

Isabelle:	Deux chambres, assez spacieux et très lumineux, avec un très joli balcon.
Aline:	C'est génial, hein? Et tu es à quel étage?
Isabelle:	Je suis au rez-de-chaussée… Qu'est-ce que tu dirais de me rendre visite? C'est sympa, Avignon!
Aline:	Ah, très bonne idée. Attends, je vais chercher mon agenda…

B. Prendre congé

Après une soirée agréable ou un rendez-vous d'affaires fructueux, le moment vient de se dire au revoir. Lorsque vous quittez votre hôte, exprimez votre gratitude pour l'invitation et pour le temps qu'il vous a consacré.

Phrases utiles

Merci de votre gentille invitation. / Merci beaucoup pour cette soirée agréable. / Encore une fois merci de votre hospitalité.

C'était un plaisir de vous voir. / Ça m'a fait plaisir de vous revoir/rencontrer.

Je dois malheureusement rentrer maintenant. / Je vais malheureusement devoir vous dire au revoir, maintenant. / Je crois que je vais devoir me mettre en chemin maintenant.

(Ou, plus familièrement:) Bon, je vais vous laisser. / Il faut que j'y aille. / Il faut que je me sauve. / Excusez-moi, je dois filer.

4 **le rez-de-chaussée:** Parterre, Erdgeschoss. | 7 **un agenda:** Terminkalender; Notizbuch. | 15 f. **l'hospitalité** (f.): Gastfreundschaft. | 23 **se sauver** (fam.): sich verdrücken. | 24 **filer** (pop.): verschwinden, abdampfen.

Conversation (1)

A: Oh, je vois qu'il est déjà sept heures. Je vais devoir partir. J'ai beaucoup apprécié de connaître un peu mieux votre entreprise. Merci de cette journée très agréable et de votre hospitalité.

B: Je regrette que vous ne puissiez pas rester plus longtemps. J'espère que ça vous a plu.

A: Ah oui, beaucoup. J'aurais aimé rester encore un peu, mais une journée très chargée m'attend demain et je dois me lever de bonne heure. Encore une fois, merci pour tout.

B: Tout le plaisir est pour moi. Au revoir et rentrez bien!

A: Merci et au revoir!

Bon à savoir

- Dans certaines régions françaises, vous entendrez parfois *Adieu*. Cependant, évitez ce mot, puisqu'il est très définitif et signale que vous ne vous attendez pas à revoir la personne / les personnes que vous quittez.
- Entre amis ou entre jeunes on se dit *Salut* ou *Ciao* (prononcé *tchao*).

Clore une conversation

Avant de clore une conversation, vous pouvez exprimer votre reconnaissance envers votre interlocuteur de la façon suivante:

Heureux d'avoir fait votre connaissance. Merci pour cette agréable conversation. Je suis certain(e) que nous trouverons une autre occasion de la poursuivre.

---

10 **se lever de bonne heure** (loc.): früh aufstehen. | 21 **clore une conversation:** ein Gespräch beenden.

J'ai vraiment apprécié discuter avec vous. Peut-être aurons-nous bientôt l'occasion d'avoir une conversation plus longue.

Cultiver ses relations

5 Vous pouvez aussi profiter de cette occasion pour demander à votre interlocuteur ce qui peut vous être utile afin d'établir de nouveaux contacts ou d'élargir votre clientèle, ou tout simplement pour rester en contact. Cultiver ses relations peut être un moyen très utile dans le monde des affaires!

Phrases utiles

10 Pourriez-vous me recommander quelqu'un qui pourrait avoir besoin de …?

Pourriez-vous m'envoyer une offre?

Nous restons en contact. / Ce serait bien de pouvoir rester en contact.

15 Vous avez mon adresse e-mail / mon numéro de portable?

Appelez-moi quand vous voulez.

Je vous ferai signe au plus tard la semaine prochaine.

Si vous avez des questions, appelez-moi!

Réponses possibles

20 Oui, ça me ferait plaisir.

Je serais ravi(e).

Avec plaisir.

Je n'y manquerai pas.

---

5 **profiter d'une occasion:** die Gelegenheit nutzen. | 18 **faire signe à qn:** (hier:) sich bei jdm. melden. | 24 **je n'y manquerais pas:** ganz bestimmt, Sie können sich darauf verlassen.

Conversation (2)

M. Albert: Je suis désolé, mais il faut que je parte maintenant. J'ai rendez-vous avec un client en centre-ville et je suis un peu pressé puisque mon bus part dans 15 minutes. Je vous remercie une fois de plus d'avoir pris le temps de m'expliquer les détails.

M. Dupont: Je vous en prie! Tout le plaisir était pour moi. De plus c'était très agréable de vous avoir parmi nous aujourd'hui. J'espère que vous allez profiter au mieux de votre séjour en France. Quand est-ce que vous retournerez en Allemagne?

M. Albert: Dans une quinzaine de jours. Mon retour est prévu pour la mi-septembre.

M. Dupont: Je serais heureux si vous repassiez chez nous avant de quitter le pays.

M. Albert: Oui, avec plaisir. Merci encore pour votre invitation. Je vous passerai un coup de fil dans les prochains jours. Ravi également de vous avoir rencontré.

M. Dupont: J'attends donc votre appel. Au revoir, Monsieur, et bon séjour!

M. Albert: Merci et à bientôt.

Au moment de partir
À tout à l'heure! (si vous vous revoyez plus tard dans la journée)

14 **dans une quinzaine de jours:** in vierzehn Tagen, zwei Wochen. |
15 **la mi-septembre:** Mitte September. | 19 **passer un coup de fil à qn**
(fam.): jdn. anrufen.

À tout de suite! (si vous quittez la pièce pour quelques minutes seulement)

À bientôt! / À la prochaine! / À un de ces jours! (si vous prévoyez de revoir la personne bientôt)

5 À un de ces quatre! (expression familière utilisée pour dire qu'on se reverra à une date encore incertaine)

Bon à savoir

- Selon le moment de la journée, vous pouvez ajouter: *Je vous souhaite une bonne journée! / Bonne journée! / Bon*
10 *après-midi! / Bonne soirée! / Bon week-end!* Selon l'occasion, ajoutez: *Bon voyage! / Bonnes vacances! / Bon retour! / Rentrez bien!* La réponse en sera: *Merci. À vous aussi. / Vous de même.*
- Si vous voulez encourager votre vis-à-vis – peut-être vous
15 a-t-il parlé des ses problèmes – dites: *Bon courage!* Ou bien: *Bonne continuation* ou *Bonne chance* lorsqu'il vous a parlé de ses projets ou d'une action difficile ou risquée.
- Pour prendre congé d'une personne dont vous venez de faire connaissance, vous pouvez dire: *J'ai été heureux*
20 *(-euse) de vous rencontrer. / Ravi(e) d'avoir fait votre connaissance. / Au plaisir de vous revoir.*
- Pour transmettre vos salutations à quelqu'un vous pouvez dire: *Mes amitiés à votre femme / à votre mari,* ou, plus informellement: *Dites bonjour de ma part à Anne. / Bonjour*
25 *chez vous.* Entre amis vous dites: *Embrasse Charles pour moi. / Bien le bonjour à Marie.* La réponse en sera: *Je n'y manquerai pas.*

22 **transmettre ses salutations à qn:** jdm. Grüße ausrichten lassen.

4. Décrire son parcours

Pour faire preuve d'assurance dans la vie commerciale internationale de nos jours, il s'avère payant d'avoir la capacité de parler de son emploi et de son parcours professionnel sans hésitation.

A. Parler de sa vie privée

Phrases utiles

Je m'appelle … / Je suis …
Je suis né(e) à …
Mes parents sont originaires de …   1c

Je suis célibataire.
Je vis seul.
Je vis en couple. (avec votre époux/épouse ou votre compagnon/compagne)
Je suis marié(e).   15
Je suis mariée à Alain. / Je suis la femme d'Alain.
J'ai deux enfants. / Je suis mère/père de deux enfants.
Je suis marié(e) et j'ai deux enfants. / Je suis marié(e) et père/mère de deux enfants.
Je vis avec mes enfants.   2o
Je vis en famille.
Je suis séparé(e).
Je suis divorcé(e).

---

2 **faire preuve d'assurance:** sich selbstsicher geben, selbstsicher auftreten. | 3 **il s'avère payant:** es zahlt sich aus (*payant:* gewinnbringend; kostenpflichtig). | 10 **être originaire de:** stammen, kommen aus. | 13 f. **le compagnon / la compagne:** Lebensgefährte/-gefährtin.

J'ai fréquenté l'école à … / Je suis allé(e) à l'école de ma ville natale.

J'ai fréquenté l'école primaire / l'école secondaire / le collège / le lycée.

Bon à savoir

En France, l'école est obligatoire de six à seize ans. La grande majorité des jeunes enfants fréquentent **l'école maternelle** (financée par l'État) dès l'âge de deux ans. **L'école élémentaire ou primaire** commence à l'âge de six ans. Elle dure en moyenne cinq ans. Ensuite, il y a pour tous **le collège** pendant quatre ans. La première année, on est en classe de 6e. À la fin du collège, en classe de 3e, une orientation a lieu vers **l'apprentissage**, **le lycée classique** (le lycée d'enseignement général) qui conduit au baccalauréat, ou le **lycée d'enseignement professionnel** (LEP) qui prépare au baccalauréat professionnel, au CAP (certificat d'aptitude professionnel) ou au BEP (brevet d'études professionnelles). Après le baccalauréat (ou le bac), les élèves peuvent s'inscrire à **l'université**. Les meilleurs d'entre eux peuvent intégrer une classe qui prépare aux **Grandes écoles**. Ils feront alors partie

1 f. **la ville natale:** Heimatstadt. | 7 **une école maternelle:** Kindergarten. | 8 f. **une école élémentaire/primaire:** Grundschule. | 10 **le collège:** Collège, Sekundarstufe I (als Gesamtschule organisiert; umfasst die Klassen 6–9). | 13 **un apprentissage:** Ausbildung, Lehre. | 14 **le baccalauréat:** Abitur, allgemeine Hochschulreife. | 15 **le LEP:** *le lycée d'enseignement professionnel:* Berufsschule. | 15 f. **le baccalauréat professionnel:** Fachabitur. | 16 **le CAP:** *le certificat d'aptitude professionnelle:* Berufsschulabschluss (unterste Stufe beruflicher Befähigung). | 17 **le BEP:** *le brevet d'études professionnelles:* Berufsschulabschluss (nächsthöhere Stufe der beruflichen Befähigung nach dem CAP). | 19 **intégrer:** eintreten in, aufgenommen werden in. | 20 **les Grandes écoles:** Elitehochschulen in Frankreich.

de l'élite politique et économique qui dirige la France. Ceux qui ne veulent pas faire d'études trop longues peuvent s'inscrire dans un **IUT** (Institut Universitaire de Technologie) qui prépare en deux ans à des diplômes techniques, comme par exemple le BTS (brevet de technicien supérieur), très appréciés sur le marché du travail.

B. Votre éducation et formation professionnelle

Phrases utiles

J'ai fait un apprentissage de monteur électricien en menuiserie au sein de l'entreprise familiale.

Je viens de faire un stage (de formation) en informatique.

J'ai suivi une formation (professionnelle) de … (p. ex. mécanicien).

Je vais m'inscrire en fac à Lyon / à l'Université de Dijon pour poursuivre mes études.

J'ai fait une maîtrise de physique à l'Université de Marseille.

Je suis titulaire d'un diplôme de gestion d'entreprise.

J'ai obtenu mon doctorat à l'Université de Berlin en Allemagne.

Je suis ingénieur diplômé.

Je suis titulaire d'un bac+4 / d'un bac+5. (indique que la per-

3 **un IUT:** *un Institut Universitaire de Technologie:* Technische Fachhochschule mit zweijährigem Studium. | 5 **le BTS:** *le brevet de technicien supérieur:* berufsbezogener Abschluss eines zweijährigen Kurzstudiums an einem lycée oder einer privaten Einrichtung. | 9 **la menuiserie:** Tischler-, Schreinerhandwerk. | 10 **au sein de l'entreprise familiale:** im Familienbetrieb. | 14 **la fac** (fam.): *la faculté:* Uni. | 16 **la maîtrise:** Magister, Magisterprüfung. | 17 **être titulaire d'un diplôme:** ein Diplom besitzen. | 18 **le doctorat:** Doktortitel, Doktorat. | 19 **un ingénieur diplômé / une ingénieure diplômée:** Diplom-Ingenieur(in). | 20 **être titulaire d'un bac+4/+5:** einen Mastertitel besitzen (d. h. 4- bzw. 5jähriges Studium nach dem Abitur).

sonne a suivi des études de 4 ou 5 ans après le baccalauréat et qu'elle est titulaire d'un master 1 ou 2)
Je suis fonctionnaire depuis deux ans.
Je vais m'inscrire en formation professionnelle de trois ans et puis effectuer un stage au sein de mon entreprise.

À savoir

Pour décrire **les différentes phases d'une action**, vous pouvez vous servir des périphrases verbales ci-dessous. (Une périphrase remplace un mot par une expression ayant le même sens.) D'ailleurs, ces expressions sont très courantes en français. Vous devriez donc les connaître:

- Je **vais faire** une formation continue – en utilisant le **futur proche**, vous parlez de vos projets au futur lorsqu'il s'agit de changements prévisibles (tandis que le **futur simple** [Je **ferai** une formation continue] exprime un projet prévu).
- Je **suis en train de** faire une formation continue (= vous avez commencé, mais n'avez pas encore terminé la formation).
- Je **viens de** faire une formation continue. Le **passé récent** indique que vous avez fait et terminé votre formation continue tout récemment.

C. Votre expérience professionnelle

Phrases utiles

Après mes études, j'ai travaillé à l'étranger dans une multinationale spécialisée dans les produits cosmétiques naturels et biologiques.

2 **le master 1:** Masterstudium erstes Jahr. | **le master 2:** Masterstudium zweites Jahr. | 3 **le/la fonctionnaire:** (Verwaltungs-)Beamter/Beamtin. | 4 **la formation professionnelle:** berufliche Weiterbildung.

Mon premier emploi comme stagiaire en gestion d'entreprise a été déterminant pour le reste de ma carrière puisqu'il m'a permis d'établir des relations professionnelles importantes.

Actuellement je suis chef du département marketing d'une PME spécialisée dans l'événementiel.

Je travaille pour cette société depuis environ huit ans.

Ça fait huit ans que je suis chez … (nom de la société).

J'ai débuté chez … (nom de la société) en 1995.

Avant, j'ai travaillé comme représentant pour un organisateur de foires. J'y ai acquis une expérience de travail précieuse.

J'ai postulé pour un poste en Angleterre.

> **Conseils**
> - Pour décrire **votre statut** dans l'entreprise, vous pouvez dire: *Je suis cadre / employé(e) / ouvrier(-ière) spécialisé(e) / salarié(e).*
> - Pour parler des **liens hiérarchiques** dans l'entreprise, vous pouvez dire: *Monsieur Dupont est mon n+1.* (= Il est mon supérieur hiérarchique direct / mon responsable / mon patron / mon chef.) / *Je suis le n–1 de Monsieur Dupont.* (= Je suis le subordonné / le subalterne de Monsieur Dupont, ou bien, je travaille sous la responsabilité de Monsieur Dupont.) / *Je suis un collègue de Jean et d'Anna.*

1 **le/la stagiaire:** Praktikant(in), Volontär(in). | 6 **la PME**: *la petite et moyenne entreprise*: kleine und mittlere Unternehmen (KMU); mittelständisches Unternehmen. | **l'événementiel** (m.): Eventmanagement. | 12 **postuler:** sich bewerben. | 15 **le cadre:** Führungskraft. | **un employé / une employée:** Angestellte(r). | 15 f. **un ouvrier spécialisé / une ouvrière spécialisée:** angelernter Arbeiter / angelernte Arbeiterin, Fachkraft. | 19 **le supérieur / la supérieure hiérarchique:** hier: Vorgesetzte(r).

- Pour décrire la **structure de l'entreprise** vous pouvez dire: *Notre entreprise comprend plusieurs départements/ services. / La société regroupe plusieurs services. / Les services dépendent de la direction générale.* (Cf. l'**Annexe**, p. 234/235: *Organigramme type d'une société.*)

D. Les loisirs – Vos passe-temps préférés

Phrases utiles

Mes loisirs prennent une place importante dans ma vie.
Pendant mon temps libre, je fais du sport / j'écoute de la musique.
Je vais souvent au cinéma.
J'adore les films avec Depardieu.
Le samedi, je fais de la natation.
Je prends toujours le temps d'aller nager.
En semaine je n'ai malheureusement pas beaucoup de temps pour mes loisirs, mais quand j'ai le temps, je vais voir mes amis.
J'aime faire du shopping.
Je ne suis pas sportif(-ive) du tout.

Musique
Je joue de la guitare / du piano / du piano électronique / de la batterie.

Sport
Je fais du foot.
J'aime bien faire des randonnées.

1 **la structure de l'entreprise:** Unternehmensstruktur. | 4 **cf.** (lat. *confer*): siehe, vergleiche (vgl.). | 21 **le piano électronique:** Keyboard. | 22 **la batterie:** Schlagzeug. | 25 **la randonnée:** Wanderung.

J'ai commencé à pratiquer un sport de façon intensive.
Nous faisons du footing / du jogging le dimanche.
Je fais pas mal de vélo pendant mon temps libre.

Autres passe-temps

On aime aller au ciné (cinéma) et visiter des musées.
Je surfe beaucoup sur Internet / le Net.
Je chatte avec mes amis, je regarde la télé sur Internet et j'écoute
même la radio sur Internet.
Je dois sortir le chien trois fois par jour. Assez d'exercice phy-
sique, à mon goût!

À savoir

- On dit *faire **du** foot, faire **du** tennis,* etc. Mais, on *joue
  aux cartes, **aux** échecs*, etc., et quant aux instruments de
  musique, on *joue **du** piano, **du** trombone, **du** saxophone*,
  etc.
- Notez bien: *On surfe **sur** Internet* ou bien ***sur le** Net*.

Conversation

Pierre: Dites donc, Éric, j'ai appris que vous faisiez de la
plongée depuis peu.
Éric: C'est juste. J'ai découvert ce sport il y a quelques semaines et depuis je suis dans l'eau quand le temps
me le permet.
Pierre: Vraiment? Vous n'avez pas peur?
Éric: Mais non, pas du tout. Bien sûr, il faut d'abord apprendre à respirer, à se concentrer et surtout à

---

9 f. **assez d'exercise physique à mon goût:** für meinen Geschmack
genügend sportliche Betätigung. | 18 **dites donc** (fam.): sagen Sie mal! |
18 f. **faire de la plongée:** Sporttaucher(in) sein.

connaître ses limites … Et vous, que faites vous
dans votre temps libre?

Pierre: Franchement, pas grand-chose. Le travail est assez
stressant et à la maison il y a toujours quelque chose
à réparer. Mais, si je trouve le temps, j'aime le jardi-
nage et j'adore cuisiner.

Éric: Et quels sont vos plats préférés?

Pierre: Je n'aime pas trop la cuisine chinoise, bien qu'elle
soit très en vogue, mais j'adore la cuisine allemande.
Hélène, mon épouse, n'aime pas du tout ça. Mais ça
ne se discute pas. Moi j'aime ça – un point c'est tout.

À savoir

- *Depuis* désigne le début d'une période qui a commencé
  dans le passé et qui n'est pas encore terminée. Avec *depuis*
  on utilise le présent.
- Pour exprimer ce que l'on *aime* et ce que l'on *n'aime pas*
  voir l'échelle ci-dessous:

– – –	je déteste
– –	je n'aime pas du tout
–	je n'aime pas
+	j'aime
++	j'aime beaucoup
+++	j'adore

5 f. **le jardinage:** Gartenarbeit. | 11 **un point c'est tout:** und damit basta!

5. Parler d'économie et de son entreprise

Qu'il s'agisse d'une réunion, d'un repas d'affaires ou d'un voyage d'affaires – chaque fois que vous intervenez dans le domaine international, on attend de vous que vous soyez en mesure de parler de votre profession, de l'entreprise pour laquelle vous travaillez et bien sûr aussi de la situation économique actuelle.

Vous trouverez ci-après quelques exemples illustrant les termes et expressions nécessaires.

Phrases utiles
Parler de l'entreprise

Notre société est la succursale d'une holding spécialisée dans la télécommunication.

Nous faisons partie d'un groupe d'ingénierie en Allemagne.

Je travaille au département finance d'une multinationale.

Avec environ 1200 collaborateurs dans le monde entier, notre société est leader européen en matière de création, d'édition et de distribution de jeux vidéo interactifs.

Notre maison compte plus de 300 filiales/succursales en Allemagne et à l'étranger et emploie 40 000 personnes à travers le monde entier.

La société a été créée en 1987 et opère dans quatre grands secteurs.

Nous sommes basés en France, mais agissons mondialement.

13 **la succursale:** Filiale. | **le/la holding:** die Holding(gesellschaft), Dachgesellschaft. | 15 **le groupe:** Konzern. | 16 **une multinationale:** multinationaler Konzern. | 24 f. **le secteur:** (Wirtschafts-)Sektor.

Notre siège social est à Paris.
Nos principaux sièges se situent à Londres et à New York.

Nos principaux produits/services sont …
Les produits XX constituent nos produits phares.
Nous disposons d'une vaste gamme de produits de filtration.
Nous fabriquons et fournissons une gamme complète de systèmes de cloisonnement démontables.
Nous produisons exclusivement des produits de qualité.
Nous sommes fabricants d'articles de sport.

Notre principal client est … / Nos principaux clients sont …
Notre clientèle cible, ce sont surtout les jeunes / les adolescents.

Nous travaillons surtout avec des fournisseurs nationaux.
Nos principaux concurrents sur le marché sont …
Nous comptons le groupe XXL parmi nos principaux concurrents.

Notre entreprise va très bien en ce moment. En septembre, nous avons embauché plusieurs nouveaux collaborateurs.
Nous sommes très contents du développement de notre entreprise.
Nous sommes heureusement très bien positionnés sur le marché national et européen.
Nous occupons avec quelque 35 % du marché une place importante dans les nouveaux länder.

1 **le siège social:** Firmensitz. | 2 **le siège principal:** Hauptsitz, -niederlassung. | 4 **le produit phare:** Vorzeigeprodukt. | 5 **la gamme de produits:** Produktpalette, Sortiment. | 6 f. **le système de cloisonnement:** Trenn-, Abschottungssystem. | 11 **la clientèle cible:** Zielgruppe. | 18 **embaucher qn:** jdn. einstellen.

Nous sommes un des leaders du marché dans le domaine de la production de …

Nous sommes le leader mondial pour les produits de …

Il y a actuellement beaucoup de pression et de compétition sur le marché.

La concurrence est rude.

La concurrence dans notre secteur est forte.

Le marché est concurrentiel, mais nous restons compétitifs grâce à nos produits innovateurs.

Notre CA (chiffre d'affaires) augmente et nous continuons à gagner des parts de marché.

Notre CA annuel a plus que doublé au cours de cette période et nous avons dépassé 2 Md EUR.

Nos produits ont généré un profit de près de 3 M EUR. / Nous avons réalisé un bénéfice de …

Nous accusons un déficit de …

Notre PDG est plutôt optimiste, visionnaire et très dynamique.

Le Conseil d'Administration discutera de cette question lors de sa prochaine réunion vendredi, 4 janvier.

Cette question est inscrite à l'ordre du jour de la prochaine réunion du Conseil d'Administration.

10 **le chiffre d'affaires**: Umsatz. | 11 **la part de marché**: Marktanteil. | 15 **le bénéfice**: Gewinn. | 16 **le déficit**: Verlust. | 17 **le/la PDG**: *le Président-Directeur Général / la Présidente-Directrice Générale*: Geschäftsführer(in); Vorstandsvorsitzende(r). | **visionnaire**: vorausschauend. | 20 **le Conseil d'Administration**: Aufsichtsrat; Verwaltungsrat. | 22 **inscrire qc à l'ordre du jour**: etwas auf die Tagesordnung setzen (*un ordre du jour*: Tagesordnung).

Conseils

- Quelques synonymes pour *entreprise*: *la maison* ou *la société*. Évitez cependant de dire *boîte* dans ce contexte, puisque ce mot est très familier et légèrement péjoratif!
- En relation avec des *filiales* ou des *succursales*, on appelle *le/la holding* aussi *la société mère* ou *la maison mère*.
- Pour désigner un *chef d'entreprise*, on peut utiliser: *le/la PDG* (abréviation de *Président(e)-Directeur(-trice) Général(e)*); *le/la Président(e)* (souvent le ou la responsable d'une banque); *le Directeur Général / la Directrice Générale*, ou, tout simplement, *le patron / la patronne* ou *le/la chef*.

Bon à savoir

- *Les PME* (*petites et moyennes entreprises*) sont des entreprises de 10 à 499 salariés. La plupart d'entre elles sont des petites entreprises de 10 à 49 salariés. Majoritairement dans le secteur tertiaire (commerce, services, administration), elles sont au cœur de l'activité économique de la France.
- Vous devriez connaître les sigles suivants de la langue des affaires:

PMI	petites et moyennes industries
CA	le chiffre d'affaires
M EUR	million(s) d'euros
Md EUR	milliard(s) d'euros
DG	le Directeur Général / la Directrice Générale
DIRCOM	le Directeur / la Directrice de la communication
DRH	le Directeur / la Directrice des ressources humaines

6 **la société mère:** Muttergesellschaft. | 28 f. **le Directeur / la Directrice des ressources humaines:** Personalleiter(in).

Parler de l'économie en général

Actuellement, l'économie se porte bien.

À l'heure actuelle, l'économie est florissante et les affaires prospèrent.

La conjoncture n'est pas bonne. Dans notre région, il y a beaucoup de chômeurs. En plus, il est très difficile de trouver un nouvel emploi. Depuis peu (de temps) mon mari travaille à temps réduit.

L'économie, qui a connu une quatrième année consécutive au-dessus du ou en ligne avec le potentiel de croissance, est maintenant en prise à un problème de capacité de production.

Le taux de chômage est trop élevé et l'un des objectifs majeurs du gouvernement est de le réduire.

Au lieu d'être en baisse, le taux de chômage est à son plus haut niveau depuis 2005, et, malgré tous les efforts, il continue encore d'augmenter.

La balance commerciale est devenue déficitaire il y a deux ans, et l'année dernière ce déficit s'est accru.

La croissance du PIB par habitant français a été plus faible que celle des autres pays développés, par exemple des États-Unis, au cours de ces deux dernières décennies.

À mon avis, la réforme du système de protection sociale – notamment en matière de santé, de chômage et de

4 **prospérer:** florieren, gedeihen. | 7 f. **travailler à temps réduit:** sich in Kurzarbeit befinden. | 10 **le potentiel de croissance:** Wachstumspotenzial. | 10 f. **être en prise** (f.): in Gefahr sein. | 12 **le taux de chômage:** Arbeitslosenquote. | 17 **la balance commerciale:** Außen-, Handelsbilanz. | 19 **le PIB:** *le produit intérieur brut:* Bruttoinlandsprodukt (BIP). | 21 **la décennie:** Jahrzehnt, Dekade. | 22 f. **le système de protection sociale:** System der sozialen Sicherung, soziales Netz.

retraite – doit être poursuivie de manière intégrée et coordonnée.

Ce n'est qu'en travaillant tous ensemble – le gouvernement, les employeurs et les syndicats – qu'ils pourront atteindre cet objectif.

La modération salariale associée à la réduction des taxes et des cotisations de sécurité sociale reste un des axes prioritaires en vue d'améliorer notre compétitivité.

Le principe fondamental de la politique du travail en France réside dans la réduction des coûts du travail, accompagnée d'une modération salariale et de la réduction des impôts et des cotisations de sécurité sociale.

Les salaires proposés dans le secteur privé sont d'habitude plus élevés que ceux du secteur public.

Les syndicats font campagne en faveur d'augmentations salariales / pour une hausse des salaires de 2 %. Cependant, ils ne sont pas encore parvenus à un accord. Ils ont menacé de lancer un appel à la grève en cas d'échec des négociations salariales.

L'État devrait-il subventionner les entreprises en difficulté ou au contraire ne pas leur accorder de subventions? – Telle est la question qui se pose actuellement.

Le gouvernement vise à privatiser certaines parties du secteur public.

1 **la retraite:** Rente; Pensionierung, Ruhestand. | 6 **la modération salariale:** gemäßigte Lohnforderungen. | **être associé, e à qc:** mit etwas verknüpft sein. | 7 **la cotisation de sécurité sociale:** Sozialabgabe. | 17 f. **lancer un appel à la grève** (f.): zum Streik aufrufen. | 18 **en cas d'échec** (m.): im Falle des Scheiterns. | 18 f. **les négociations salariales:** Lohn- und Gehaltsverhandlungen. | 21 f. **telle est la question qui se pose** (loc.): das ist hier die Frage. | 23 f. **le secteur public:** der öffentliche Sektor, der öffentliche Dienst.

Les valeurs mobilières / les actions de cette société sont très demandées.

Les dirigeants d'entreprise sont tenus de répondre aux exigences/attentes de leurs actionnaires.

Faute de liquidités pour les investissements, les entreprises peuvent obtenir / mobiliser / se procurer des capitaux sur les marchés financiés.

Aujourd'hui / De nos jours on peut constater un nombre croissant de fusions et d'acquisitions / de reprises d'entreprises. Par contre, on note également de plus en plus de faillites.

Le bruit court que la société XXL vient de déposer le bilan après l'échec des négociations avec ses banques la semaine dernière. On dit qu'ils vont fermer la plus grande partie de leurs succursales dans la région et qu'ils veulent faire passer leurs employés à temps partiel.

Il faut s'attendre à ce que les employés licenciés par la société X entraînent une hausse supplémentaire de 3 % du nombre de chômeurs dans la région. Nous craignons que la faillite provoque un grand nombre de licenciements.

Bon à savoir

- **La retraite:** Quand les Français parlent de *la retraite*, ils ne parlent pas seulement de la situation sociale d'un individu qui, ayant atteint l'âge minimum requis, cesse son activité

---

1 **la valeur mobilière:** Wertpapier. | **une action:** eine Aktie. | 3 **être tenu, e de faire qc:** angehalten sein, etwas zu tun. | 5 **faute de qc:** in Ermangelung, mangels einer Sache. | **la liquidité:** Liquidität. | 9 **la fusion:** Fusion, Unternehmenszusammenschluss. | **une acquisition / la reprise d'une entreprise:** Firmenübernahme. | 10 **la faillite:** Konkurs, Firmenpleite. | 11 **le bruit court que …** (+ indic.) (loc.): es geht das Gerücht, dass … | **déposer le bilan:** Konkurs anmelden. | 16 **licencier:** entlassen (*le licenciement:* die Entlassung).

professionnelle, en général de manière définitive, pour *partir à la retraite*, mais ils parlent aussi du revenu sous forme de *pension*, versé par l'État, donc de la *pension de retraite* ou *de vieillesse*, aussi appelée *la retraite*. En France, le système de retraite est basé pour l'essentiel sur le principe de la répartition, c'est-à-dire les cotisations des actifs servent à payer les pensions versées aux retraités. Le système de retraite en France est aussi complexe que l'est le système allemand. De 2008 à 2012, l'âge légal pour partir à la retraite était de 62 ans. Pour toucher *une retraite à taux plein* (c'est-à-dire sans pénalités) il fallait toutefois remplir d'autres conditions, comme, par exemple, avoir *cotisé* un certain nombre de *trimestres* (variable en fonction de l'année de naissance). Pour les générations nées à partir de 1955, il fallait avoir atteint l'âge de 67 ans pour partir à la retraite. Ceux qui partaient entre 62 et 67 ans, sans avoir cotisé le nombre de trimestres nécessaires, touchaient leur retraite mais *à un taux réduit*, c'est-à-dire le montant était *minoré* en fonction du nombre de trimestres manquants. Depuis mai 2012, l'âge minimum requis pour le départ à la retraite est 60 ans, ou plus exactement 166 trimestres de cotisation (soit 41,5 annuités), dont 7 trimestres avant l'âge de 20 ans.

- **Le système français de santé et de protection sociale:**
  Les grands principes du système français de santé et de protection sociale sont:

2 **le revenu:** Einkommen. | 6 **la répartition:** Verteilung. | **la cotisation:** Beitrag. | **les actifs** (m. pl.): hier: die arbeitende Bevölkerung. | 9 **l'âge légal:** gesetzlich vorgeschriebenes Mindestalter. | 10 f. **la retraite à taux plein:** Vollrente. | 11 **sans pénalités** (f. pl.): ohne Abzüge. | 19 **minorer:** herabsetzen, mindern. | 22 **une annuité:** Jahresrate; Beitragsjahr.

a) **_L'universalité:_** L'ensemble des résidents et personnes de nationalité française sont couverts par le système.

b) **_La globalité:_** Le système français couvre l'ensemble des aléas de la vie (santé, maternité, vieillesse, invalidité, accidents du travail et maladies professionnelles, prestations familiales, assurance-dépendance et chômage).

c) **_La solidarité:_** Le système est issu des assurances professionnelles, en combinaison avec des cotisations basées sur les revenus du travail et des dispositifs reposant sur la solidarité et un financement collectif (comme p. ex. le minimum vieillesse).

d) **_La gestion paritaire:_** Les organismes de protection sociale sont placés sous la tutelle de l'État et gérés par des représentants des assurés et des employeurs.

- **Les impôts en France:** Les impôts constituent des contributions versées à l'État ou aux collectivités locales, départementales ou régionales. Ils permettent à l'Administration de fonctionner ou d'investir en créant des écoles, des routes, etc. Il y a des **_impôts directs_** (ceux que l'on paie au percepteur) et des **_impôts indirects_** (que l'on verse à une personne qui les reverse ultérieurement au percepteur). Pour les _impôts directs_, l'Administration tient compte de la situation personnelle, ce qui n'est pas le cas pour les _impôts indirects_. Les impôts indirects sont entre

1 **l'universalité** (f.): Allgemeingültigkeit. | **le résident / la résidente:** (Gebiets-)Ansässige(r), Einwohner(in). | 4 **les aléas** (m. pl.): hier: Risiken, Gefahren. | 5 f. **les prestations familiales** (f. pl.): Familienleistungen. | 6 **une assurance-dépendance:** Pflegeversicherung. | 11 **le minimum vieillesse:** Mindestrente. | 12 **la gestion paritaire:** paritätische Führung, Leitung. | 13 **être sous la tutelle de qn:** unter jds. Vormundschaft stehen; jdm. weisungsgebunden sein. | 16 **la collectivité locale:** Gebietskörperschaft. | 20 **le percepteur** (admin.): Fiskus, Finanzamt. | 21 **reverser:** überweisen.

autres: *la taxe sur la valeur ajoutée (TVA)*; *les droits de douane*; *les taxes sur les carburants*; *les droits d'enregistrement*; *les droits de timbre*, etc. Les impôts directs sont: *l'impôt sur le revenu* payé à l'État (calculé en fonction des revenus de l'activité professionnelle); *la taxe foncière* (payée aux communes, départements, régions et calculée en fonction des revenus que l'on perçoit des activités immobilières, comme p. ex., le loyer); *la taxe d'habitation* (payée aux communes, départements ou régions et calculée en fonction du logement); *la contribution sociale généralisée (CSG)*, qui est prélevée sur le salaire et calculée en fonction des revenus professionnels. Les impôts sur le revenu *se payent par tiers* (une première partie jusqu'au 15 février, une deuxième jusqu'au 15 mai et la dernière en fin d'année). La TVA est prélevée sur tous les biens et prestations que l'on achète.

• **L'économie de la France:** L'économie française est principalement une économie de services: **le secteur tertiaire** (= les services) rassemble environ deux tiers de la

1 **la TVA:** *la taxe sur la valeur ajoutée:* Mehrwertsteuer. | 1 f. **les droits** (m. pl.) **de douane** (f.): Zollgebühren. | 2 **les taxes** (f. pl.) **sur les carburants** (m. pl.): Mineralölsteuer. | 2 f. **les droits** (m. pl.) **d'enregistrement** (m.): Registriergebühr. | 3 **les droits** (m. pl.) **de timbre** (m.): Stempelsteuer. | 4 **l'impôt** (m.) **sur le revenu:** Einkommensteuer. | 5 **la taxe foncière:** Grundsteuer. | 7 f. **percevoir qc des activités immobilières:** Einkünfte aus Vermietung und Verpachtung erzielen. | 8 **la taxe d'habitation:** etwa: Wohnsteuer. | 11 **la CSG:** *la contribution sociale généralisée:* allgemeine Sozialabgabe in Frankreich, die auf alle Einkommensarten (auch Kapitaleinkommen) erhoben wird. | 13 **par tiers:** mittels viermonatlich anfallenden Zahlungen. | 15 **prélever une taxe:** eine Steuer erheben. | **les biens** (m. pl.): Güter, Produkte. | 15 f. **la prestation:** Dienstleistung. | 18 **une économie de services:** Dienstleistungsgesellschaft. | 18 f. **le secteur tertiaire:** Dienstleistungs-, Tertiärsektor.

population active, tandis que le nombre d'agriculteurs (qui font partie **du secteur primaire** comportant agriculture, sylviculture, pêche et activités minières) est en constant recul. Quant au **secteur secondaire** (l'industrie), les principales productions sont les machines, les moyens de transport (trains, avions et bateaux) et l'agroalimentaire, c'est-à-dire les produits issus de l'élevage, de la pêche et de l'agriculture.

Comme c'est aussi le cas en Allemagne, les industries traditionnelles comme la métallurgie ou le textile rencontrent de grandes difficultés. La construction mécanique, l'automobile, l'électroménager et le bâtiment se trouvent face à une forte concurrence internationale, les technologies de pointe (l'aéronautique, l'armement, les transports) se développent.

On peut constater que l'économie française est une économie de plus en plus ouverte, occupant une place importante dans les échanges commerciaux internationaux, principalement au sein de l'Union européenne.

---

2 **le secteur primaire:** Rohstoff-, Primärsektor. | 3 **la sylviculture:** Forstwirtschaft. | **la pêche:** Fischerei, Fischfang. | **les activités minières** (f. pl.): Bergbau. | 10 **la métallurgie:** Metallindustrie, Hüttenwesen. | **le textile:** Textilindustrie. | 12 **l'électroménager** (m.): Industrie für elektrische Haushaltsgeräte. | **le bâtiment:** Bau(industrie). | 14 **les technologies** (f. pl.) **de pointe:** hier: Hochtechnologiesektor. | **l'aéronautique** (f.): Flugzeugindustrie. | **l'armement** (m.): Rüstungsindustrie. | 15 **les transports** (m. pl.): Transportwesen.

Qualités relationnelles

les qualités relationnelles (f. pl.): Sozialkompetenz

6. Savoir s'exprimer en toutes circonstances

Maîtriser le langage de tous les jours, c'est-à-dire savoir vous exprimer librement et avec politesse en français, vous permettra de fréquenter des francophones de tous les milieux et en toutes circonstances, que ce soit en privée, ou dans le cadre d'une relation commerciale. Les échanges de tous les jours vous sembleront plus facile si vous avez la capacité de manifester votre opinion et vos sentiments d'une manière claire et compréhensible. Les exemples ci-après devraient vous aider.

A. Répondre

(1) *Accepter*

Vous pouvez, bien sûr, répondre à toute question par un simple *oui* ou *non*. Mais si vous voulez marquer votre plaisir ou votre satisfaction, dites plutôt:

Oui, bien sûr! / Naturellement!
Volontiers! / Avec plaisir! / Avec joie!
J'accepte avec grand plaisir!
Super! / Génial! (familier)

Si vous n'êtes pas trop enthousiaste, vous pouvez dire:

Après tout, pourquoi pas?

(2) Refuser

Il est bien sûr plus délicat de refuser que d'accepter, mais votre *non* peut être adouci par l'expression d'un regret plus ou moins sincère. Voici quelques exemples:

Non, je regrette sincèrement.
Ce n'est malheureusement pas possible.
Ce n'est vraiment pas possible, j'en suis désolé(e).
Je regrette de ne pas pouvoir accepter.
Je suis navré(e) de devoir refuser.

Pour reporter le moment de la décision, vous pouvez dire:

Je ne pense pas, mais je vais voir …
On verra!

> **Conseil**
> Si vous voulez exprimer votre **ignorance** ou même **refuser** de répondre, vous pouvez dire: *Je n'en sais rien. / J'en sais rien.* (familier) / *Malheureusement, je n'y connais rien / je ne m'y connais pas du tout. / Je n'ai rien à dire à ce sujet. / Désolé(e), mais je ne peux pas vous donner de renseignements à ce sujet.*

(3) Réponses divers
a) Répondre à une proposition ou à une demande

Demande	Réponse
Souhaitez-vous un café? / Désirez-vous un morceau de gâteau?	Oui, je veux bien. / Oui, avec plaisir.

3 **adoucir qc:** hier: etwas abmildern. | 9 **être navré, e de qc:** etwas (zutiefst) bedauern; betrübt, bestürzt sein. | 10 **reporter:** verschieben. | 12 **on verra** (fam.): wir werden sehen, mal sehen. | 16 **je n'y connais rien** (fam.): keine Ahnung, damit kenne ich mich nicht aus.

Vous voulez boire quelque chose, une bière, un rouge?	Non, merci. Je ne bois pas d'alcool. / Merci, je ne bois rien.
Je peux entrer?	Entrez donc! / Mais entrez, s'il vous plaît!
Elle vous plaît, cette musique?	Oui, beaucoup. / J'ai un faible pour les vieilles chansons françaises. / Pas tellement. / Non, (ça ne me plaît) pas du tout. Je préfère la musique classique.
Pourriez-vous me rendre un service, s'il vous plaît?	Mais bien sûr. / Volontiers. En quoi puis-je vous être utile?
Est-ce qu'il serait possible que vous relisiez ce texte? C'est urgent!	Mais bien sûr. Pas de problème. / Je regrette, mais je ne peux pas le faire tout de suite. / Ce n'est malheureusement pas possible.
Je peux vous aider? / Puis-je vous aider?	C'est très gentil (à vous). Merci. / Non, merci. Ça va. / Non, merci. Ce n'est pas la peine.

(Au téléphone)

Est-ce que je pourrais parler à Monsieur Bonnet, s'il vous plaît?	Un instant, s'il vous plaît. Je vous le passe. / Je suis désolé(e). Monsieur Bonnet n'est pas là aujourd'hui. Mais je peux vous passer sa secrétaire, si vous voulez.

3 **un rouge** (fam.): ein Glas Rotwein. | 22 f. **ce n'est pas la peine:** das ist nicht nötig.

On pourrait fixer une deuxième réunion pour ce soir. Qu'en pensez-vous?

Oui, si vous voulez. / Oui, je n'ai rien contre. / Non, je regrette, mais ça ne m'arrange pas du tout. J'aimerais mieux remettre ce rendez-vous à demain, si possible.

Conversation

Le chef: Alain, vous avez une minute?

Alain: Oui, qu'est-ce qu'il y a?

Le chef: J'attends les chiffres concernant le total des coûts réels. D'ailleurs, je les attends depuis hier. Les avez-vous préparés?

Alain: Excusez-moi, mais je n'ai pas encore eu le temps de terminer complètement. Je m'y mets tout de suite. Vous les aurez dans une heure, au plus tard. Promis!

Le chef: Mais voyons, je vous avais demandé de les préparer pour le 9 août. Et vous m'aviez dit qu'il n'y aurait aucun problème, n'est-ce pas? Aujourd'hui, nous sommes le 10, et rien n'est prêt. Honnêtement – je m'attendais à un peu plus d'efforts de votre part.

Alain: Oui, mais laissez-moi vous expliquer …

Le chef: Désolé, mais je n'ai plus le temps. Appelez-moi dès que vous aurez les résultats.

3 f. **ça ne m'arrange pas du tout:** das passt mir ganz und gar nicht. |
15 **s'y mettre:** sich darum kümmern.

b) Répondre à une invitation à boire ou à manger

Accepter	Refuser
Oui, avec plaisir.	Non, rien. Merci.
Oui, je veux bien.	Juste un verre d'eau, merci.
Oui, je prendrais bien un porto.	Merci, mais je n'ai vraiment plus faim.
Oui, volontiers. (plutôt formel)	Non, merci. Je suis venu(e) en voiture. (si vous ne voulez pas boire d'alcool)
Oui, j'aimerais bien goûter.	Non, merci. Pas pour l'instant.
Oui, merci. C'est délicieux.	Non, merci. Je n'en peux plus.
Juste un peu.	
S'il te plaît / S'il vous plaît.	

(Cf. chapitre 9: *Déjeuners et diners d'affaires*.)

c) Répondre à une invitation

Accepter	Refuser poliment
Avec joie!	C'est très gentil, mais …
C'est d'accord!	J'ai malheureusement rendez-vous avec un client à midi.
Je ne dirais pas non. (ce qui signifie que vous acceptez l'invitation avec plaisir)	J'aimerais bien, mais j'ai déjà pris rendez-vous avec le médecin.
Oui, je veux bien.	
Oui, avec plaisir.	
Merci pour l'invitation. J'accepte avec plaisir.	

(Cf. chapitre 9: *Déjeuners et diners d'affaires*.)

d) Donner son avis

Exemple

J'aime bien cette voiture.

Je n'aime pas cette voiture.

Réponses possibles

Moi aussi. / Moi non.

Moi non plus. / Moi si.

e) Exprimer son accord

D'accord!

C'est entendu!

Pas de problème!

C'est bon!

Ce sera fait!

Je m'en occupe!

B. Remercier

Selon l'intensité que vous voulez donner à un remerciement, vous pouvez utiliser les formules suivantes (de la plus simple à la plus forte):

Merci.

Merci bien.

Merci, c'est gentil.

Merci beaucoup.

Je vous/te remercie beaucoup.

Je vous/te remercie mille fois.

Je ne sais comment vous/te remercier.

Je ne vous/te remercierai jamais assez. (très empathique)

Remerciement

Merci pour tout.

Merci bien.

Merci beaucoup de m'avoir
aidé(e).

Répliques appropriées

Mais ça va de soi.

Ce n'est rien. / De rien.

Je t'en prie. / Je vous en prie.

7 **ce sera fait:** wird gemacht, wird erledigt | 22 **ça va de soi:** gern geschehen. | 23 **ce n'est rien** (fam.): schon gut. | 24 **je t'en prie / je vous en prie:** nichts zu danken.

Je vous remercie beaucoup pour ce renseignement.	(Il n'y a) Pas de quoi. / Ça m'a fait plaisir de vous aider.
Merci beaucoup, mais vous n'auriez pas dû.	C'est bien peu de choses. Je vous en prie.
Merci, c'est très gentil (de votre part).	À votre service. / Tout le plaisir est pour moi! (plus empathique)

Conversation

A: Vous avez besoin de quoi écrire? Prenez mon stylo à bille. Je n'en ai pas besoin pour le moment.

B: Ah, merci, c'est très gentil. Je vous le rends tout de suite.

A: Allez, allez, il n'y a pas d'urgence.

Bon à savoir

Si on vous demande de passer quelque chose à quelqu'un ou que vous demandez à quelqu'un de vous passer quelque chose, vous pouvez dire ou répondre:

Demande	Réponse
(À table)	
Pourriez-vous me passer le sel, s'il vous plaît?	Tenez, voilà.
(Dans le train)	
Voudriez-vous bien m'aider à mettre ma valise dans le filet? Je n'y arrive pas.	Pas de problèmes. Laissez-moi faire.

3 f. **vous n'auriez pas dû:** das wäre doch nicht nötig gewesen. | 9 f. **le stylo à bille:** Kugelschreiber. | 12 **allez, allez** (fam.): schon gut! | 19 **tenez, voilà:** hier, bitte.

(Au restaurant)

Pourriez-vous nous apporter encore un peu de pain, s'il vous plaît?	Mais bien sûr, tout de suite.

C. Présenter ses excuses

Une excuse doit être proportionnelle à l'importance de la maladresse commise. Le mot *pardon* est une formule de politesse exprimant une demande d'excuse, de répétition ou de renseignement; elle est fréquemment utilisée dans de multiples circonstances de la vie quotidienne, comme par exemple: lorsqu'on dérange ou que l'on bouscule une personne, quand on éternue, quand on se mouche, à table, quand on passe un plat, le pain, le sel ou le poivre devant une autre personne, quand on demande un renseignement ou un service (*Pardon, Madame/Monsieur, pourriez-vous …?*) ou encore lorsqu'on interrompt quelqu'un.

Tournures appropriées
a) De manière formelle

Je vous prie d'excuser mon léger retard.

Excusez-moi d'avoir oublié de vous téléphoner.

Je vous présente toutes mes excuses de ne pas pouvoir venir plus tôt.

Je vous demande pardon. Je me suis trompé(e) de date.

Je suis bien désolé(e) que vous ayez dû attendre aussi longtemps, mais j'étais en réunion.

---

6 f. **la maladresse:** Ungeschicklichkeit, Fauxpas. | 7 **commettre qc:** etwas verüben, begehen. | 11 **bousculer qn:** jdn. anstoßen, anrempeln. | 12 **éternuer:** niesen. | **se moucher:** sich die Nase putzen.

b) De manière moins formelle, mais très poli

Excusez-moi de vous déranger.

C'est un malentendu. Veuillez m'excuser.

Toutes mes excuses !

Pardon. Je suis vraiment désolé(e), mais je vous ai indiqué une mauvaise date. La bonne date, c'est le 10 mars.

Je regrette, mais je me suis trompé(e).

Ce n'était pas mon intention.

Quelques manières de s'excuser

Excuse	Réponse
Excusez-moi d'être un peu en retard.	Ça ne fait rien.
Je suis désolé(e), mais je n'ai pas pu venir plus tôt.	Ce n'est pas la peine de vous excuser.
Je me suis trompé(e). Excusez-moi. Je vous ai donné un faux numéro.	Ce n'est rien. / D'accord.
Je voudrais m'excuser auprès de vous. Je ne l'ai pas fait exprès.	Ce n'est pas grave.
Veuillez m'excuser de n'avoir pu répondre plus tôt.	Ce n'est pas la peine de vous excuser.
Je regrette (beaucoup) de ne pouvoir vous fournir plus de détails pour le moment.	Peu importe. Je me débrouillerai. / Je vais me renseigner ailleurs.

---

3 **le malentendu:** Missverständnis. | 6 **la mauvaise date:** falsches Datum. | 8 **une intention:** Absicht. | 19 f. **faire qc exprès:** etwas absichtlich tun. | 23 **peu importe:** das ist nicht so schlimm. | 25 **ailleurs:** hier: anderweitig.

Excusez-moi de vous aborder comme ça, mais j'ai une question importante.

Il n'y a pas de mal. Allez-y!

Ce n'était pas voulu de ma part. / Ce n'était pas mon intention. Pardon.

Ne vous en faites pas.

(Au téléphone)

Je regrette, Monsieur Bonnet n'est pas là pour le moment.

D'accord. Je vais essayer à nouveau dans une demi-heure. / J'ai besoin d'un renseignement. C'est urgent. Y a-t-il quelqu'un qui le remplace?

À savoir

- Voici quelques réponses moins formelles: *Ça va! / Y a pas de mal! / On n'en parle plus. / Ne vous en faites pas. / T'en fais pas.*
- Pour **renforcer** votre excuse, vous pouvez ajouter: *Cela m'est bien désagréable.*

(Par écrit)

Veuillez nous excuser de …

Nous vous prions de bien vouloir accepter nos excuses de ne pas avoir pu répondre plus tôt.

Veuillez accepter nos excuses pour tout inconvénient que cela pourrait vous occasionner.

---

15 **ça va** (fam.): schon gut. | 15 f. **y a pas de mal** (fam.): keine Ursache. | 16 **on n'en parle plus** (fam.): Schwamm drüber! | 19 **désagréable**: unangenehm. | 24 **un inconvénient**: Nachteil, Problem.

(Dans la rue, dans le train etc.)

Question	**Réponse**
Vous permettez?	Oui, bien sûr.
Pardon, Madame/Monsieur. Pourriez-vous me dire quelle heure il est? / Excusez-moi, vous avez l'heure?	Il est onze heures cinquante. / Il est midi moins dix.

À savoir

Il existe deux manières d'indiquer l'heure en français. À votre question: *Vous avez l'heure?* vous entendrez donc comme réponse soit: *Il est onze heures cinquante*, ou bien, dans le langage courant: *Il est midi moins dix*. Ces expressions ont toutes les deux le même sens.

Conseils

- Quand vous bousculez quelqu'un, vous pouvez dire pour vous excuser: *Pardon, je ne vous avais pas vu(e)*.
  Pour appeler le serveur / la serveuse dans un restaurant, vous dites: *S'il vous plaît! Excusez-moi!*
  Lorsque vous entrez dans un magasin et qu'il n'y a personne, vous pouvez appeler quelqu'un en disant: *S'il vous plaît!* ou bien: *Il y a quelqu'un?*
- Il est considéré comme impoli de dire: *Je m'excuse*, car ce n'est pas à vous d'excuser votre conduite mais à l'autre personne de vous excuser.

Bon à savoir

- Si vous remerciez un Français, n'attendez pas forcément une réponse. Il n'est pas aussi normal en français de répondre à un remerciement qu'il l'est en allemand et il

---

3 **Vous permettez?:** hier: Darf ich bitte (mal) vorbei?

n'est pas considéré comme impoli de ne pas répondre à un *Merci*.

- Le mot allemand *Bitte* a beaucoup de traductions différentes en français, selon la situation. Voici un petit aperçu:

Allemand	**Français**
Bitte, gern geschehen.	Il n'y a pas de quoi. / De rien.
Entschuldigung! – Bitte!	Excuse-moi / Excusez-moi! – Je t'en prie / Je vous en prie, il n'y a pas de mal. / Ce n'est rien. / Ça ne fait rien.
Ja, bitte! / Nein, danke. (auf die Frage, ob man noch etwas möchte)	Oui/Non, merci.
Ja, bitte! (auf die Frage, ob man Ihnen behilflich sein kann)	Oui, c'est gentil (à toi/vous). / C'est très aimable (à toi/vous).
Bitte nach Ihnen.	Après vous.
Hier, bitte! (wenn man jemandem etwas reicht)	Tiens. / Tenez. / Voici. / Voilà.
Bitte nicht! (Auf keinen Fall!)	Surtout pas.
Na bitte!	Ah, tu vois / vous voyez (bien)!
Bitte, wenn Sie wollen.	C'est comme vous voulez.
Wie bitte?	Comment? / Pardon?

---

4 **un aperçu:** kurzer Überblick.

D. Exprimer ce que l'on ressent et témoigner de sa bonne volonté

La conversation est essentielle pour l'établissement et l'enrichissement des relations d'affaires. Il est donc important de participer à la conversation en exprimant son opinion (qu'elle soit agréable ou désagréable) et sa volonté à résoudre un problème ou à répondre à un besoin.

Voici quelques phrases types pour les diverses situations dans lesquelles vous voulez approuver ou désapprouver les propos de votre interlocuteur, l'encourager ou le décourager, exprimer votre regret ou votre surprise, et donner votre point de vue.

(1) Approuver et désapprouver

Pour approuver les propos de votre interlocuteur

Oui, c'est vrai. J'adhère complètement à votre idée.

J'y consens tout à fait.

Je trouve aussi que …!

Exactement!

C'est vrai!

Oui, je suis tout à fait d'accord avec vous.

Ça, je peux bien me l'imaginer!

Je ne le vois pas autrement.

Je suis pour!

Ça, on peut le dire!

Je ne peux qu'approuver vos dires.

Je souscris totalement à votre proposition.

---

3 f. **un enrichissement:** Bereicherung. | 5 **participer à qc:** seinen Teil zu etwas beitragen. | 15 **adhérer à une idée:** einer Idee zustimmen. | 24 **Ça, on peut le dire!:** Das kann man wohl sagen!

Je suis entièrement de votre avis.
(C'est une) Bonne idée!
J'approuve à 100 % votre proposition!

Pour désapprouver les propos de votre interlocuteur

Si vous n'approuvez pas les propos de quelqu'un, mais que vous voulez éviter un affrontement direct, évitez des paroles comme *C'est faux. / Ce n'est pas vrai. / Vous vous trompez complètement.* Pour **refuser sans blesser** son interlocuteur, mieux vaut appliquer une des stratégies décrites ci-dessous.

a) Pour **ne pas prendre parti:**

Sans doute, mais il y a peut-être une autre manière de voir les choses …
Ce n'est pas aussi simple que ça …
N'exagérons rien!

b) Pour vous **excuser avant d'argumenter:**

Désolé(e), mais …
Je regrette, mail il faut que …
C'est dommage, mais …

c) Pour **gagner du temps:**

Je vais voir.
Je vais y réfléchir.
Je vais y penser.
Je ne peux pas vous répondre maintenant.
(Je ne dis pas non mais) Laissez-moi le temps de réfléchir.
Excusez-moi, mais il faut que j'en parle à …
Il est encore trop tôt pour …

3 **approuver qc:** etwas billigen, gutheißen.

d) Pour **manifester un accord partiel** (pour mieux contredire):
Ce que vous dites est vrai, mais tout de même …
Je suis entièrement d'accord avec vous, cependant …
C'est évident, pourtant …
Je partage cet avis, mais peut-être que …
Vous avez raison, mais …
Il faut également considérer que …
Ne serait-ce pas plutôt …
Ça dépend. / C'est relatif. Là, je suis d'un autre avis.
Là, je ne suis pas tout à fait d'accord avec vous.

e) Pour manifester vos **doutes**:
Je ne suis pas si sûr(e) que ce soit une bonne idée.
J'ai du mal à le croire.
Je ne sais pas trop.

À savoir

Les verbes *croire* et *penser* sont des verbes d'opinion. Quand ils sont à la forme affirmative, ils sont suivis de l'indicatif: *Je crois qu'il fera beau demain.* Quand ils sont à la forme négative, ils sont suivis du subjonctif: *Je ne crois pas qu'il fasse beau demain.*

(2) Encourager et décourager

Témoignez votre **sympathie** pour votre vis-à-vis par une des expressions suivantes qui indiquent à l'autre que vous portez de l'attention à sa personne et à ses paroles:

J'apprécie votre engagement à sa juste valeur.
Je suis de tout cœur avec vous.
Je suis tout à fait de votre avis.

14 **Je ne sais pas trop** (fam.): Ich weiß nicht so recht.

Cette proposition rencontre tout mon soutien.
Je vous invite à continuer sur cette voie!
Je soutiens pleinement votre action.
C'est très bien comme ça.
Vous avez bien fait.
Ce n'est pas mal comme travail.
Je n'aurais sûrement pas fait mieux.
(Plutôt familier:) Faites-le! / Allez-y!
C'est tout à fait présentable!

Vous exprimez par contre votre **mépris** ou bien votre **mécontentement** par un des propos ci-après:

C'est très moyen.
On peut s'en accommoder.
On aurait pu mieux faire.
C'est peine perdue!
Si j'étais vous, je ne le ferais pas.
J'ai des doutes.
Je ne pense pas grand bien de cette théorie.
Je ne pense pas que ce soit une bonne idée.
(Plutôt familier:) C'est pas terrible. / On ne peut pas dire que tu aies fait des étincelles.

---

10 **le mépris:** Missfallen; Ablehnung. | 10 f. **le mécontentement:** Missfallen. | 12 **moyen, ne:** mittelmäßig. | 13 **s'accommoder de qc:** sich mit etwas abfinden; sich mit etwas begnügen. | 20 **C'est pas terrible** (fam.): Das ist nicht gerade berauschend. | 20 f. **On ne peut pas dire que tu aies fait des étincelles** (loc.): Da hast du dich nicht gerade mit Ruhm bekleckert (fam.).

(3) Exprimer un regret

En employant le conditionnel, vous pouvez exprimer un regret:

J'aurais préféré l'apprendre de vive voix.

Ou choisissez tout simplement une des tournures mentionnées ci-après:

Je regrette, mais je pense que vous vous trompez.
Je regrette que Luc ne soit pas venu à notre réunion d'aujourd'hui.
Je regrette de vous avoir fait attendre.
C'est regrettable qu'il ne soit pas là justement aujourd'hui.
Je suis au regret de vous annoncer ma démission. (par écrit)
À mon grand regret, je ne peux rien pour vous.
Dommage que le week-end soit déjà terminé.
C'est dommage quand on pense au temps que nous y avons passé.
Hélas, nous n'avons pas le budget pour réaliser ce projet.
Je trouve dommage que vous ne veniez pas.
Malheureusement, c'est trop tard maintenant.
Je déplore cette situation.

> **À savoir**
> Attention au verbe *regretter*! On dit: *Je regrette qu'il ne soit pas venu* (regretter que + subjonctif), tandis qu'il faut dire: *Je regrette de vous avoir fait attendre* (regretter de + infinitif).

---

4 **apprendre qc de vive voix:** etwas direkt mitgeteilt bekommen. | 13 **je ne peux rien pour vous:** ich kann Ihnen leider nicht (weiter)helfen. | 20 **déplorer:** bedauern, beklagen.

(4) Exprimer l'étonnement
Les exclamations suivantes expriment l'étonnement:

Ah bon?
Mais c'est monstrueux!
Alors ça, ça m'étonne!
Alors ça, je ne m'y attendais vraiment pas!
Je n'arrive pas à y croire!
Dis/Dites donc?
(Familier:) C'est pas vrai!
C'est incroyable!
(Familier:) C'est pas possible! / J'y crois pas! (familier et iro-
    nique) / C'est dingue! Eh ben, j'en suis baba!

> **À savoir**
> Dans la langue parlée, le *ne* de la négation (p. ex.: *ne … pas,
> ne … rien, ne … jamais*, etc.) est souvent supprimé. Vous en-
> tendrez donc plutôt: *C'est pas vrai!* que: *Ce n'est pas vrai.*

(5) Exprimer son point de vue
Il y a plusieurs façons d'exprimer son point de vue et son opinion sur un sujet. En voici quelques-unes:

Je trouve qu'elle devrait s'excuser pour son attitude.
Selon moi, la société évolue trop vite.
D'après moi, la situation va bientôt changer.
À mon avis, des spécialistes devraient se pencher sur la ques-
tion.

11 **C'est pas possible** (fam.): Das ist ja ein Ding! | **J'y crois pas** (fam.):
etwa: Das glaub ich nicht!, Nicht zu fassen! | 12 **C'est dingue!** (fam.):
(Das ist) Wahnsinn! | **J'en suis baba!** (fam.): Da bin ich aber platt! |
23 **se pencher sur qc**: einer Sache nachgehen, etwas untersuchen.

Mon point de vue sur la question est bien différent du vôtre.
Il est certain que les mentalités changent.
Je suis absolument convaincu par cette réforme.
Je vous garantis que dans quelques années le taux de chô-
5   mage sera encore plus élevé.
En ce qui me concerne, je vais participer à la réunion ce soir.
Moi personnellement, je suis pour.
Pour ma part, il n'y a pas d'objections / je n'ai pas d'objections
    à faire.

10 *(6) Autres situations*

    a) Pour **changer de sujet** au cours d'une conversation
    Cela me rappelle …
    Mais que devient …?
    Quand vous parliez de …, je me suis souvenu de …
15 Justement, je viens de lire dans le journal que …
    Je voulais vous demander depuis longtemps …
    J'ai pensé à vous en entendant …
    Cela vous dérangerait-il si je changeais de sujet?
    Il y a une chose que j'ai toujours voulu demander à quelqu'un
20   de votre expérience …

    b) Si **vous ne voulez pas vous engager**
    Laissez-moi réfléchir.
    Ce n'est pas vraiment mon domaine.
    Ce n'est peut-être pas si simple.
25 Certainement. / Sans doute. / Peut-être.

13 **mais que devient …?**: was macht eigentlich …?

c) Pour **ne pas blesser par un refus**

Ce n'est pas à moi qu'il faut demander ça.

J'aimerais bien, mais je ne peux pas.

Je n'y connais vraiment rien.

Il faut que j'en parle à mes collègues.

Je vais y réfléchir.

Laissez-moi le temps d'y réfléchir.

d) Pour **rapporter des propos**

D'après ce qu'on m'a dit, les ouvriers projettent de faire grève.

Je me suis laissé dire qu'il n'était pas très à cheval sur la ponc- 10
tualité.

À leur avis, les négociations continueront.

Aux dires de l'auteur, le chiffre d'affaires a augmenté.

On dit qu'il a flambé tout son argent au casino.

Selon Monsieur Dupont, les affaires vont bien. 15

---

8 rapporter un propos: einen Wortlaut wiedergeben. | **10 ne pas être
très à cheval sur qc** (loc.): es mit etwas nicht so genau nehmen. |
13 aux dires (m. pl.) **de qn:** nach jds. Worten. | **14 flamber** (fam.): ver-
zocken.

7. Vers une meilleure écoute

Une bonne conversation repose sur deux composantes: la parole et l'écoute. On dit que pour communiquer, il faut savoir comprendre l'implicite du message. Autrement dit, communiquer, ce n'est pas seulement savoir s'exprimer clairement à l'oral, mais aussi être toujours à l'écoute des autres et s'assurer que son interlocuteur a bien compris ce que l'on a dit.

Et, bien sûr aussi, ne pas rater ce que l'autre dit – chose assez difficile, puisque vous, en qualité d'étranger, vous devez vous débattre avec la langue française et ses locutions et expressions quelquefois surprenantes, mais souvent plaisantes.

Les exemples ci-après vous fourniront quelques idées de ce que vous pourriez répondre ou demander au cours d'une conversation.

A. Les problèmes de communication

Si vous n'avez pas bien entendu
Si vous n'avez pas bien **entendu** ce que votre interlocuteur a dit, vous pouvez toujours demander:

Pardon? / Comment? / J'ai mal entendu.

Vous pouvez, bien sûr, aussi demander à votre interlocuteur de bien vouloir répéter ses propos. Servez-vous d'une des phrases ci-dessous:

Pardon, je n'ai pas bien entendu ce que vous venez de dire. Pourriez-vous le répéter encore une fois, s'il vous plaît?

2 **reposer sur deux composantes:** aus zwei Bestandteilen bestehen. |
4 **comprendre l'implicite:** etwa: verstehen, was gemeint ist.

Veuillez m'excuser, mais je n'ai pas bien entendu. Voudriez-vous bien répéter pour moi?

Pourriez-vous parler un peu plus fort, s'il vous plaît? Je n'entends rien, il y a trop de bruit.

Pourriez-vous parler un peu plus lentement, s'il vous plaît?

Si vous n'avez pas compris

Pardon, mais je n'ai pas bien compris.

Pardon, je ne comprends pas.

Excusez-moi, mais je n'ai pas compris un seul mot. Pourriez-vous parler un peu plus lentement, s'il vous plaît?　10

Je ne vous suis pas très bien. Qu'est-ce que vous entendez par là?

Qu'est-ce que cela signifie?

Je ne comprends toujours pas ce modèle. Pourriez-vous me l'expliquer encore une fois?　15

Vous pourriez être un peu plus précis?

Pourriez-vous l'expliquer de façon plus précise?

TGV, qu'est-ce que ça signifie?

Est-ce que je vous ai bien compris? Vous dites que … (et vous répétez la phrase avec vos propres mots).　20

Comment ça s'écrit?

Épelez-moi votre nom, s'il vous plaît.

Conseil

Si vous ne savez pas prononcer un mot, vous pouvez demander: ›Parapluie‹, comment ça se prononce? / Comment　25
prononce-t-on …?

---

11 **Je ne vous suis pas très bien:** Ich kann Ihnen nicht ganz folgen. |
22 **épeler qc:** etwas buchstabieren.

Pour vérifier que vous avez bien compris
Si je vous ai bien compris, vous dites que…
Est-ce que je vous ai bien compris? Vous dites que …
Selon vous, nous devrions être à même de lancer la nouvelle
campagne la semaine prochaine, c'est bien ça?
Avez-vous bien dit fin janvier?
Vous avez dit fin janvier, n'est-ce pas?

Conseil

Une bonne pratique **pour éviter les erreurs d'interpré-
tation** et autre suppositions est de **reformuler** avec vos
propres mots ce que vous venez d'entendre. En paraphrasant
l'énoncé de votre interlocuteur ou en reprenant les éléments
de son message, on ne doutera pas que vous ayez écouté et
compris le propos. Cela permet également au locuteur de se
rendre compte que vous avez mal compris ce qu'il essayait
de dire. Ce procédé est particulièrement efficace lorsque
votre point de vue diverge de celui de votre interlocuteur, ou
bien, lorsque vous avez entendu des explications complexes
ou techniques. En voici quelques exemples: *Permettez-moi
de reprendre brièvement les aspects les plus importants de
notre conversation. / Permettez-moi de vérifier si j'ai bien
compris … / En d'autres termes, vous allez m'adresser le
contrat dès que vous l'aurez en main? / Vous parlez donc de la
réunion qui aura lieu jeudi prochain, n'est-ce pas?*

---

4 **être à même de faire qc:** imstande sein, etwas zu tun, etwas tun
können. | 10 **la supposition:** Vermutung, Annahme. | 11 **paraphraser qc:**
etwas umschreiben. | 12 **un énoncé:** Wortlaut, Äußerung. | 17 **diverger
de qc:** von etwas abweichen. | 22 **en d'autres termes:** mit anderen
Worten, anders ausgedrückt.

Pour vérifier si vos propos sont bien compris
Est-ce que vous me comprenez?
Est-ce que vous comprenez ce que je dis?
C'est clair?
Vous voyez où je veux en venir?
Je ne sais pas si je me suis bien fait comprendre.

Conseils

- Pour **corriger** quelqu'un, il y a plusieurs manières de vous exprimer, par exemple: *Votre affirmation n'est que partiellement juste. / Ce n'est pas tout à fait comme ça. / Pardon, mais cela ne correspond pas vraiment aux faits. / Pardon, mais le chiffre est soixante-douze et non soixante-treize. / Désolé(e), mais je crois constater une erreur ici. À la ligne 6, il faudrait remplacer «par les membres» par «parmi les membres».*
- Pour vous corriger vous-même, dites: *Je crois que je me suis mal exprimé(e). Je dois me corriger. En fait, ce que je voulais dire, c'est…*
- Prenez des notes! Elles facilitent la mémorisation. Dites, par exemple: *Pourriez-vous répéter cela? J'aimerais bien le noter.*

Pour interrompre votre interlocuteur d'une manière polie pour demander plus de détails ou d'informations
Excusez-moi / Je suis désolé(e) de vous interrompre, mais j'ai une question portant sur ce point-là.
Pardon, puis-je poser une question, s'il vous plaît?
Pardon, puis-je marquer un temps d'arrêt ici?
C'est vrai, mais…

5 **vouloir en venir à qc:** auf etwas abzielen. | 27 **marquer un temps d'arrêt:** (Gespräch) kurz unterbrechen, einen Moment innehalten.

Est-ce que je pourrais dire quelque chose?
Je voudrais juste dire que …
Mais qu'est-ce que cela veut dire au juste?
Qu'entendez-vous exactement par là?
5 Qu'est-ce que cela signifie concrètement?
De quoi s'agit-il exactement?
Pourriez-vous me donner plus de détails/précisions à ce sujet,
   s'il vous plaît?

Conseils

10 • N'hésitez pas à interrompre votre vis-à-vis pour lui demander une explication au cas où vous n'auriez pas bien
   compris. Vous pouvez toujours l'interrompre poliment en
   disant *pardon*, et poser votre question pour vérifier si
   vous avez bien compris.
15 • Si vous voulez ne plus participer à la conversation, ne serait-ce que pour un instant, dites: *Excusez-moi, je vais devoir vous laisser un instant. Je reviens tout de suite. / Je dois
   aller à la salle de bains. Veuillez m'excuser un instant.*

Si vous ne trouvez pas les mots appropriés pour expliquer ou dé-
20 crire quelque chose

Pardon, mais je ne sais pas comment m'exprimer.
Je me suis sans doute mal exprimé(e).
Laissez-moi l'exprimer autrement. On pourrait aussi dire que …
J'ai le mot sur le bout de la langue.
25 Je n'arrive pas à trouver le mot juste.
Comment dit-on en français pour dire que l'on n'a plus faim?
Comment appelle-t-on en français l'appareil pour tondre la pe-
   louse?

---

25 **J'ai le mot sur le bout de la langue** (loc.): Das Wort liegt mir auf der
Zunge. | 27 f. **tondre la pelouse:** den Rasen mähen.

Conversation
(Au téléphone)

Céline: Société LM2. Bonjour.

Roland: Allô! Céline?

Céline: C'est moi, oui. J'écoute.

Roland: Roland à l'appareil.

Céline: Ah, Roland! Quelle surprise! Comment vas-tu?

Roland: Bien, bien. Je ne te dérange pas, au moins?

Céline: Non, pas du tout. Qu'est-ce qui t'amène?

Roland: Écoute, c'est au sujet de l'étude de faisabilité de notre projet aux États-Unis. Y a-t-il déjà des nouvelles?

Céline: Alors, je n'ai pas encore les chiffres mais j'espère les avoir d'ici peu, en effet, je les attends le 13 du mois.

Roland: Pardon, mais la ligne est très mauvaise. Je n'ai pas très bien entendu. Tu les attends quand? Le onze?

Céline: Non, non. Le treize.

Roland: Le treize, donc.

Céline: C'est ça. Si tout se passe bien, ton équipe pourra commencer à mettre au point le prototype, puis faire quelques tests pour s'assurer que tout marchera sans faille …

Roland: Pardon, mais je n'ai pas très bien retenu tes derniers mots.

Céline: J'ai dit qu'après avoir mis au point le prototype, vous pourrez commencer à faire les premiers tests.

Roland: Cela me convient parfaitement: en effet, on pourra se servir du S44, au moins au début.

10 **une étude de faisabilité:** Machbarkeitsstudie. | 14 **d'ici peu:** in Kürze, bald. | 21 **mettre qc au point:** etwas ausarbeiten. | 23 **sans faille:** reibungslos (ohne technische Probleme).

Céline:	Le S44? Mais qu'est-ce que tu veux dire par là?
Roland:	Je parle de l'ancien prototype qui nous a rendu un bon service au Brésil il y a deux ans.
Céline:	Ah oui, maintenant je vois … Au fait, pourrais-tu contacter Richard Dupont et le tenir au courant? Son numéro est le 01 61 48 44 16.
Roland:	Pourrais-tu répéter le numéro, s'il te plaît, pour que je puisse le noter.
Céline:	Bien sûr. C'est le zéro un, soixante-et-un, quarante-huit, quarante-quatre, seize.
Roland:	Merci, c'est noté. Je m'en occupe. Alors, au revoir et à la prochaine.
Céline:	Au revoir, Roland.

À savoir

- *Je vois* … est l'expression familière courante pour dire: Je comprends.
- Pour demander plus de précisions sur une information, vous pouvez dire: *De quoi s'agit-il exactement?*
- Pour reprendre une information et la justifier, dites: *En effet…* (p. ex.: *Les chiffres le confirment. En effet, en janvier, plus de 50 000 personnes ont déjà demandé à bénéficier du congé parental.*)

Bon à savoir

- Les numéros de téléphone français sont composés de 10 chiffres, y compris l'indicatif. En France, il y a 5 différents indicatifs, selon la région. Pour appeler en France, en étant

18 **De quoi s'agit-il?:** Worum handelt es sich? Worum geht's? |
22 **le congé parental:** Erziehungsurlaub, Elternzeit. | 25 **un indicatif:** Vorwahl.

en France, il faut donc composer un numéro à 10 chiffres commençant par un 0. Pour appeler en France en étant en Allemagne, vous supprimez le 0 et ajoutez le +33.

- Lorsque vous indiquez un numéro de téléphone à quelqu'un, donnez les chiffres par paires et ne dites pas: *un, six, quatre*, etc.
- Vous devez impérativement connaître les **numéros d'urgence** quand vous êtes en France: le 15 est le numéro spécifique aux urgences médicales (SAMU); le 17 est le numéro de la police; le 18 sont les pompiers et le 112 est le numéro d'urgence européen valable dans toute l'Union européenne (EU). Ce numéro concerne toutes les urgences (médicales, incendies, police, …). Tous les numéros d'urgence sont gratuits et accessibles à partir de tous les postes commutés.

B. L'écoute active – Verbalisez votre écoute!

Au cours d'une conversation, quelques réactions verbales sont importantes pour montrer à votre vis-à-vis que vous l'écoutez et que vous prenez part à la conversation. Si vous maîtrisez quelques brefs commentaires ou locutions, cela indique à votre interlocuteur que vous êtes toujours dans l'échange: ils témoignent de votre intérêt et de votre désir de poursuivre la conversation. Les commentaires ou locutions ci-après vous donneront un aperçu de ce que vous pouvez dire pour manifester votre intérêt pour ce que vous êtes en train d'échanger avec votre interlocuteur.

9 **une urgence médicale**: medizinischer Notfall. | le **SAMU**: *le service d'aide médicale urgente:* ärztlicher Bereitschaftsdienst, Notarzt. | 10 **les pompiers** (m. pl.): *les sapeurs-pompiers:* Feuerwehr. | 13 **un incendie:** (Groß-)Brand, Feuer. | 15 **le poste commuté:** hier: Rufnummer.

(1) Montrer de l'intérêt

Pour exprimer que vous souhaiteriez en savoir plus
Comme c'est intéressant!
Racontez-moi, comment avez-vous fait?
5 Comment avez-vous vécu?
Ça m'intéresserait beaucoup de savoir comment vous avez fait
   pour réussir.
J'aimerais bien en apprendre plus à ce sujet.

Pour exprimer que vous êtes tout ouïe
10 Ah oui, je comprends.
Oui, je vois.
En effet.

Réagir favorablement
Passionnant!
15 Chapeau!
Quelle réussite!
Quelle histoire!

Si vous ne partagez pas le même avis
Vous avez sûrement raison. Mais, d'un autre côté, ne pen-
20 sez-vous pas que les chiffres soient corrects?
Je ne sais pas trop.
Il est plus que douteux que la campagne atteigne les objectifs
   souhaités.

Pour exprimer que vous vous impliquez
25 Qu'est-ce que cela signifierait pour moi?

---

9 **être tout ouïe** (f., loc.): ganz Ohr sein, ganz genau zuhören (*l'ouïe, f.*: das Gehör). | 17 **Quelle histoire!** (loc.): Na sowas! Was Sie nicht sagen!

Pour exprimer votre empathie
Cela a dû être difficile/décourageant.
C'est dommage que vous soyez venu(e) en vain.
Je comprends fort bien que vous soyez mécontent(e).

Si vous voulez aller au fond des choses
Qu'est-ce que vous voulez dire par là?
Comment avez-vous fait pour vous en sortir?

Pour demander plus de précision
Auriez-vous un exemple?
Pourriez-vous me donner un exemple?
Pourriez-vous expliquer de façon plus précise?

Si vous voulez une vue d'ensemble
Dans quel contexte est-ce que cela s'inscrit?

(2) Réagir aux bonnes nouvelles

A: Voilà les chiffres que vous m'aviez demandés.

B: C'est très bien! / C'est parfait! J'apprécie beaucoup votre engagement.

A: Ma femme était malade mais maintenant elle va mieux.

B: C'est une très belle nouvelle! / Je suis ravi(e) de l'apprendre! / J'en suis (très) heureux(-euse)./ Je suis soulagé(e) d'un grand poids!

A: Nous avons fabriqué un robot d'un tout nouveau type. C'est un ordinateur qui s'autoprogramme.

B: Mais c'est gigantesque / fantastique! C'est une des plus grandes prouesses de la technique, j'en suis sûr(e).

1 **l'empathie** (f.): Mitgefühl, Einfühlungsvermögen. | 3 **en vain:** vergeblich. | 21 f. **Je suis soulagé, e d'un grand poids!** (loc.): Da fällt mir aber ein Stein vom Herzen! | 25 **la prouesse:** Hochleistung, Spitzenleistung.

A: Je suis heureux(-euse) que
nous ayons trouvé une
bonne solution.

B: Moi aussi. Cela a valu la
peine.

A: On va se marier bientôt.

B: Toutes mes félicitations!

A: C'est mon anniversaire.

B: Bon anniversaire!

Bon à savoir

- Montrez votre **contentement** avec ce que dit votre vis-à-vis par une des exclamations suivantes: *Super! / Bravo! / C'est chouette!* (fam.) */ Ça me plaît! / Cela me ravit! / C'est parfait! / C'est formidable! / C'est épatant! / C'est stupéfiant! / C'est colossal! / C'est fabuleux!*

- Pour les **souhaits**, il existe des formules toutes faites que l'on emploie dans certaines circonstances, par exemple: Pour l'anniversaire de quelqu'un, vous dites: *Je vous souhaite un bon anniversaire! Amusez-vous bien!* – Dans un cadre plus général, par exemple pour féliciter quelqu'un qui annonce son mariage, la naissance d'un bébé ou la réussite aux examens, vous pouvez dire: *Félicitations! / Tous mes vœux de bonheur. / Félicitations pour votre bébé. / Toutes mes félicitations pour votre examen. / Je vous félicite de votre succès.* – Autres souhaits: *Joyeux Noël!* (se dit juste avant et pendant Noël) */ Meilleurs vœux!* (se dit après Noël jusqu'au Nouvel An) */ Bonne année!* (ce n'est qu'à partir du 1er janvier et au cours du janvier que vous l'entendrez) */ Bonne fête!* (on félicite quelqu'un à l'occasion de sa fête, p. ex. Christine à la Sainte-Christine, ou Jean à la Saint-Jean, etc.) – D'ailleurs, la fête a encore beau-

---

1 f. **Cela a valu la peine** (loc.): Die Mühe hat sich gelohnt. | 9 **c'est chouette!** (fam.): das ist klasse/toll! (*la chouette:* Eule). | 10 **c'est épatant!**: das ist prima! | 10 f. **stupéfiant, e:** verblüffend. | 26 **la fête:** hier: Namenstag.

coup d'importance pour les Français. Notez bien: On dit **la** Saint-Jean, même s'il s'agit d'un prénom masculin, puisque cela se réfère à *la fête* de Saint-Jean.

(3) Réagir aux mauvaises nouvelles

A: Suite à des vents très forts, notre avion n'a pas pu décoller.

B: Quel dommage! / C'est dommage!

A: À ce qu'on dit, Alain a dû être hospitalisé.

B: Je suis navré(e)! / J'en suis (vraiment) désolé(e). / Je suis vraiment désolé(e) pour lui.

A: Je regrette, mais notre nouvel apprenti ne semble pas répondre à nos attentes.

B: C'est (très) regrettable / dommage. / Cela n'est pas conforme à mes espérances.

Conseils

• Pour manifester votre **empathie** dans le cas d'un inconvénient mineur (comme p. ex. un vol désagréable, un bouchon, un procès-verbal, etc.), vous pouvez dire: *Quel dommage!* ou bien *Je regrette*. Dans les cas plus graves, cependant, il vaut mieux dire: *J'en suis (vraiment) désolé(e).*

• Autres expressions pour montrer de l'empathie: *Cela m'a touché. / Cela me rend triste. / Cela me consterne. / Cela me préoccupe beaucoup. / Le nombre croissant de chômeurs m'inquiète. / Je m'attends au pire. / J'ai un drôle de pressentiment. / C'est le comble!*

17 f. **le bouchon:** (Verkehrs-)Stau. | 18 **le procès-verbal:** hier: Strafzettel. | 22 **consterner qn:** jdn. betroffen machen. | 23 **préoccuper qn:** jdm. Sorge bereiten. | 24 **s'attendre au pire:** mit dem Schlimmsten rechnen. | 24 f. **avoir un drôle de pressentiment** (loc.): ein ungutes Gefühl haben. | 25 **c'est le comble!:** das ist (doch) der Gipfel / die Höhe!

Conversation

Alain: Comment s'est passée la dernière mission de Jacques?

Judy: Bien, bien.

Alain: Autant que je sache, il a fait la coordination du nouveau projet au Brésil entre ceux d'ici et ceux de là-bas?

Judy: C'est juste.

Alain: Parfait. Et est-ce qu'il a tenu les délais?

Judy: Évidemment, sans problème. Il s'est montré très organisé. Il est sociable et a eu un bon contact avec les équipes. Mais il n'a pas managé le projet.

Alain: Qu'est-ce que vous voulez dire par-là?

Judy: Eh bien, ce n'est pas lui qui a pris les décisions importantes. Il ne s'est pas montré autonome jusqu'à présent.

Alain: C'est tout à fait impossible! Je le connais depuis longtemps et jusqu'à présent je n'ai pas eu de nouvelles négatives à son sujet.

Judy: C'est peut-être exact, mais selon les dernières nouvelles du Brésil, il semble être un peu dépassé par ce projet.

Alain: Hum, enfin … Je sais, qu'il a de l'ambition et je pense qu'il faut lui donner sa chance.

Judy: Oui, sans doute. De toute façon, je vous tiendrai au courant.

---

5 **autant que je sache:** soweit ich weiß. | 10 **évidemment** (en reponse): (na) klar! | 14 **eh bien:** nun, na. | 17 **C'est tout à fait impossible:** Das kann unmöglich stimmen. | 21 **être dépassé, e par qc:** von etwas überfordert sein. | 23 **hum, enfin** (fam.): etwa: was soll's?

(4) Exprimer des propos positifs et négatifs

Il est fréquent en français de souligner ou d'accentuer ce que l'on dit par de petites expressions et exclamations. Ce sont d'ailleurs plus des habitudes de langage que des réalités grammaticales, et ce sont différentes manières d'exprimer des propos positifs ou négatifs dans le langage parlé. Et puisqu'elles font partie du langage courant français, vous devriez en connaître quelques-unes:

Alors ...?   Alors, c'est comme ça qu'on parle à son père? (pour amener une interrogation)

Écoute!   Écoute! C'est une bonne question. (= Je vais te répondre, je vais te dire quelque chose.)

Au fait (+ question)   Au fait, est-ce qu'on a déjà des nouvelles de Jacques?

Dis donc!   (expression montrant une certaine complexité)

Et alors?   Il est venu en retard. – Et alors? (= Il n'y a rien à dire. C'est comme ça!)

Tiens, ...!   Tiens, il pleut! (Tout à coup il a commencé à pleuvoir.)

Enfin...   (bref pour: Non mais enfin ...)

Ah bon? / Ah bon!   (exclamation très courante dans la langue parlée qui a plusieurs significations, selon la situation et surtout selon l'intonation)

Ah bon, c'est pour ça! (= exclamation) / Ah bon, si c'est comme ça, nous devons abandonner ce projet à long terme. (pour montrer un sentiment de résignation) / Ah bon, vous n'avez pas encore de nouvelles au sujet de notre dernier appel d'offre? (pour exprimer son étonnement)

---

13 **au fait:** sag / sagen Sie mal. | 15 **dis donc:** sag bloß, das ist ja allerhand. | 16 **et alors?:** na und? was soll's? | 18 **tiens:** ach, nanu, soso. | 27 f. **un appel d'offre:** Ausschreibung.

Ça y est! Ça y est! J'y suis! (familier pour comprendre) / Ça y est, j'ai terminé! (= J'ai fini mon travail.) / Ça y est, ne vous inquiétez pas. (pour calmer quelqu'un)

Voyons! (exclamation pour exprimer son indignation)

Quelle chance! (exprime la joie)

Quel dommage! (déplore quelque chose)

Qu'est-ce que c'est beau de voir / d'entendre! (on est enthousiasmé[e])

Bon courage! (expression ambiguë: pour encourager quelqu'un, mais aussi pour exprimer de l'ironie)

Vivement qu'il s'en aille! (= J'espère bien qu'il partira bientôt.)

Vivement qu'on en finisse! (= J'espère que la réunion, le film, la soirée etc. sera bientôt terminé[e].)

Ce n'est pas mal! / Chapeau! (en reconnaissance de vos mérites)

Cela s'arrangera! (pour rassurer ou encourager)

C'est comme ça. / Là on ne peut rien faire. (= Il faut accepter les choses telles qu'elles sont.)

Ah, ça oui! / Ça oui alors! / Entendu! / C'est vrai ça! / Et comment! / À qui le dites-vous! / Exactement! / Je suis partant(e)! (expressions pour donner une appréciation positive)

Pas du tout! / Absolument pas! / Moi non plus. / Ce sera sans moi! (expressions pour contredire quelqu'un)

---

1 **ça y est / j'y suis** (fam.): ich hab's. | 4 **voyons!**: jetzt hör / hören Sie aber mal! | **une indignation**: Empörung. | 9 **bon courage**: viel Glück (aufrichtig, aber auch ironisch gemeint, etwa: na dann, viel Glück!). | 17 **cela s'arrangera**: etwa: wird schon werden. | 20 **ah, ça oui! / ça oui alors** (fam.): das kann man wohl sagen! | 20 f. **et comment!** (fam.): aber ja! und ob! | 21 f. **je suis partant, e!** (fam.): ich bin dabei!; ganz deiner / Ihrer Meinung!

8. Le *small talk* à la française: comment entamer et poursuivre une conversation avec naturel

La «petite conversation» (le soi-disant «small talk») est essentielle pour l'établissement et l'enrichissement des relations d'affaires. Pour humaniser la relation, essayez de commencer et de terminer votre conversation d'affaires par une discussion plus ou moins informelle. Vos interlocuteurs apprécieront une conversation dans laquelle ils se sentent compris, écoutés et reconnus.

Essayez donc de cibler les intérêts de votre interlocuteur; en parlant de sujets qui intéressent l'autre, vous avez une forte chance de lui faire apprécier davantage la conversation. Posez des questions ouvertes. Demandez par exemple à votre vis-à-vis ce qu'il aime faire, ce qui lui est arrivé dernièrement, ce qu'il a fait aujourd'hui ou durant ses derniers congés, etc. Incitez votre interlocuteur à parler de lui.

Ci-après quelques sujets de base appropriés pour pratiquer la «petite conversation»: la météo, la vie professionnelle, la famille, les loisirs, l'actualité (les nouvelles à la télé, le sport, etc.).

a) Le temps et la météo

A: Quelle belle journée! Quelle est votre saison préférée?

B: C'est l'automne. Comme j'adore faire de longues promenades et qu'il ne fait plus aussi chaud qu'en été, je préfère cette saison aux autres.

---

11 **cibler:** gezielt ansprechen (*cibler qc sur qn:* etwas gezielt auf jdn. ausrichten).

A: Qu'il fait beau aujourd'hui! Ces derniers temps, nous avons eu de la chance avec le temps.

B: Oui. C'est merveilleux. On se sent beaucoup mieux.

A: Quel temps de chien! J'en ai assez de ce sale temps!

B: Oui. C'est terrible. / Par un temps pareil, il vaut mieux ne pas sortir. / C'est un temps à ne pas mettre un chien dehors.

A: Est-ce que par hasard vous avez entendu/vu les prévisions météorologiques / la météo pour le weekend? / Comment est la météo?

B: La météo annonce le retour de l'hiver pour ce week-end.

A: On dirait qu'il va pleuvoir.

B: Ça va vite passer. / Ça en a bien l'air.

A: Il fait toujours ce temps-là ici?

B: Oui, c'est toujours comme ça. / Non, c'est exceptionnel / D'habitude, c'est pire/ mieux.

A: Vous êtes trempé(e), vous aussi?

B: Non, heureusement que j'avais mon parapluie sur moi. / Oui. Si j'avais su, j'aurais emporté mon parapluie.

A: Vous n'avez pas de difficultés avec le froid?

B: Non, pas tellement. J'y suis habitué(e), vu que je viens du nord. / Si, j'en souffre pas mal.

---

5 **le temps de chien** (fam.): Schmuddelwetter. | 15 f. **Ça en a bien l'air** (loc.): Es sieht ganz danach aus. | 19 **d'habitude:** normalerweise, üblicherweise.

A: Est-ce qu'en Allemagne il fait aussi mauvais que ça?	B: Oui. Ces derniers temps, il y a eu beaucoup de tempêtes et d'inondations.

À savoir

- L'expression courante: *On dirait que ...* est une autre façon de dire: Il semble que ...
- Quelques expressions sur **le temps:** *Il fait un temps splendide / minable. / Il fait 25 (degrés) à l'ombre. / Il fait moins 4 (degrés). / Le temps est nuageux. / Il y a du brouillard.*

b) Votre séjour en France

A: Vous vous plaisez ici en France?	B: Oui, je me plais bien ici. / Oui, beaucoup. C'est très joli ici. / Je m'y sens parfaitement bien!
A: Vous vous êtes déjà bien acclimaté(e)?	B: Oui, un peu. / Non, pas encore tellement, mais ça va s'arranger, j'en suis sûr(e).
A: Êtes-vous déjà allé(e) au Salon du livre / à la foire commerciale?	B: Oui. Je trouve que c'est très intéressant. / Non, malheureusement pas encore. Mais j'espère y aller bientôt.
A: C'est la première fois que vous êtes en France?	B: Oui, c'est mon premier séjour en France. / Non, j'ai déjà été plusieurs fois en France.

---

3 **la tempête:** Unwetter. | 7 f. **splendide:** fabelhaft, prächtig. | 8 **minable:** erbärmlich. | 8 f. **moins 4 degrés:** minus 4 Grad. | 9 **nuageux, -euse:** bewölkt. | **le brouillard:** Nebel. | 20 **le Salon du livre:** Buchmesse. | 20 f. **la foire commerciale:** Handels-, Warenmesse.

A: Vous avez fait bon voyage?

B: Tout s'est bien passé. Mais, six heures en voiture, c'est quand même bien stressant. / Il y a eu plusieurs bouchons.

A: Vous êtes venu(e) en voiture?

B: Non, je suis venu(e) en train.

A: Vous êtes bien logé(e)?

B: Oui, je loge à l'hôtel. / J'ai loué un appartement. C'est mieux que de loger à l'hôtel.

A: Ça fait longtemps que vous êtes ici?

B: Ça fait deux jours.

A: Vous avez déjà pu visiter un peu la ville?

B: Oui, j'ai fait un tour en ville hier. / Je n'ai malheureusement pas encore trouvé le temps.

A: Et vous restez longtemps?

B: Jusqu'à la semaine prochaine. / Seulement quelques jours, à mon grand regret.

A: Vous connaissez quelqu'un / beaucoup de monde ici?

B: Oui, j'ai déjà fait la connaissance de quelques Français. / Je n'ai pas encore fait plus ample connaissance avec quelqu'un. / Non, mais je commence à nouer des contacts.

---

8 **être bien logé, e:** gut untergebracht sein. | 24 f. **faire plus ample connaissance** (f.) **avec qn:** jdn. näher kennenlernen. | 27 f. **nouer des contacts** (m.pl.): Bekanntschaften schließen.

A: Vous avez facilement trouvé le chemin pour venir ici?

B: Oui, pas de problème. J'ai un GPS. / Oui, mais j'ai eu du mal à trouver une place pour me garer.

A: Vous êtes libre ce soir? Nous pourrions aller dîner ensemble.

B: Bonne idée. Je viens volontiers. / Non, je regrette vraiment. J'aimerais bien venir, mais j'ai déjà un rendez-vous que je ne peux pas annuler.

À savoir
Vous dites: *Je suis en voiture. / Je suis venu(e) en train. / Je suis venu(e) en car.* Mais: *Je suis à pied.*

c) Entretenir la conversation
Lors d'une réunion, d'un congrès, d'un repas d'affaires, etc., le tout, c'est d'entamer la conversation et de montrer que vous êtes vraiment intéressé(e). Un outil judicieux est de poser des questions ouvertes, comme par exemple:

Racontez-moi comment se sont passés vos congés.
Parlez-moi de votre week-end. Avez-vous fait quelque chose de reposant / d'intéressant?
Comment avez-vous célébré votre anniversaire?
Qu'est-ce qui vous a amené(e) à participer au congrès?

---

2 **le GPS:** *Global Positioning System:* Navi(gationsgerät). | 14 **entretenir la conversation** (loc.): das Gespräch am Laufen halten. | 17 **judicieux, -euse:** klug, treffend, stichhaltig.

Quelques exemples

A: Quels sont vos centres d'intérêt?

B: J'ai une prédilection pour les langues étrangères. / J'ai un faible pour les États-Unis. Ça a toujours été mon souhait le plus cher d'y aller un jour.

A: Vous intéressez-vous aux sports?

B: Oui, beaucoup. J'adore le foot. Je suis fan de l'Olympique Lyonnais. / Non, pas du tout. Je ne suis pas très sportif(-ive).

A: Quelles sont vos occupations préférées pendant votre temps libre?

B: La lecture est une de mes occupations favorites. / J'aime particulièrement regarder les documentaires.

A: Comment vont les affaires? (formel)

B: Notre entreprise va très bien en ce moment. Il y a peu de temps encore, la situation était bien différente.

A: Comment ça va au boulot? (moins formel)

B: Comme d'habitude. Rien d'extraordinaire.

A: J'ai appris que vous vouliez changer de profession. Qu'est-ce que vous comptez faire, si j'ose vous le demander?

B: Oui, c'est vrai. Je me demande si je ne vais pas me mettre à mon compte l'année prochaine.

---

2 **la prédilection:** Vorliebe, Schwäche. | 16 f. **le documentaire:** Dokumentarfilm.

A: J'ai entendu dire que votre entreprise a connu une expansion énorme ces derniers temps.

B: Oui, c'est juste. Nous avons transféré plusieurs secteurs de production à l'étranger.

A: Comment avez-vous trouvé l'exposé de Monsieur Durant?

B: Excellent! L'économie m'intéresse depuis toujours. / J'en suis un peu déçu(e). J'en attendais un peu plus.

A: Vous assisterez aussi au débat public?

B: Oui, bien sûr. Ça m'intéresse beaucoup de savoir ce qu'il en resortira. / Non. Je ne pense pas grand bien de telles manifestations.

A: Si je vous ai bien compris, vous êtes contre le nouveau projet?

B: Oui, tout à fait. / Non, pas du tout.

A: Comment avez-vous fait pour arrêter de fumer?

B: J'ai commencé à faire du sport. Ça m'a aidé à réduire mon stress et depuis je n'ai plus besoin d'avoir recours aux cigarettes.

A: Je trouve que ce congrès est mieux que prévu.

B: Oui, je trouve aussi. Ça a valu la peine d'y participer. / Je ne suis pas de votre avis. Je trouve que l'organisation est nulle. Ça n'a pas répondu à mes attentes. Je m'attendais à autre chose.

6 **un exposé:** Vortrag. | 11 **le débat public:** Podiumsdiskussion. |
21 f. **avoir recours à qc:** zu etwas greifen, etwas in Anspruch nehmen.

A: Comment trouvez-vous encore le temps de faire du sport?

B: Je joue au tennis qu'il pleuve ou qu'il vente, mais ce que je préfère, c'est courir. J'en ai besoin.

d) Votre famille et vos connaissances communes

A: Et la famille, comment ça va?

B: Tout va très bien. Et vous?

A: Parlez-moi de votre famille. Est-ce que tout le monde vit dans les environs?

B: Non, malheureusement pas. Ma fille travaille à Toulouse et mon fils s'est installé à Berlin pour continuer ses études de langues. Il passera son examen dans un an.

A: Est-ce que votre époux/épouse/partenaire va bien?

B: Très bien, merci. / Ma femme va très bien. Il y a quelques mois, elle a arrêté de travailler à cause de notre bébé, mais après le congé maternité, elle veut retourner travailler.

A: Comment vont les enfants?

B: Ils se portent très bien, merci.

A: Quels sont les projets universitaires de votre fille/fils?

B: Mon fils veut faire des études de gestion à l'université de Grenoble. Il y a un très grand nombre d'étudiants dans cette discipline. Il aura une bourse, mais comme ça ne suffit pas, ma femme et moi financerons ses études.

1 f. **qu'il pleuve ou qu'il vente** (loc.): bei jedem Wetter. | 19 f. **le congé maternité:** Mutterschutz, Mutterschaftsurlaub. | 24 **les études** (f. pl.) **de gestion** (f.): Betriebswirtschaftsstudium. | 28 **la bourse:** Stipendium.

> **À savoir**
> *Les enfants se portent bien*, c'est une autre façon de dire qu'ils vont bien et qu'ils sont en bonne santé.

A: Quelles sont les dernières nouvelles de Claude? Je n'ai pas eu de ses nouvelles depuis longtemps.

B: Autant que je sache, il va très bien. / Je regrette, je n'ai plus aucun contact avec lui.

A: Est-ce que tu as vu Alain ces derniers temps?

B: Oui, on s'est vus la semaine dernière. Il te passe le bonjour. / Non, désolé(e). On s'est complètement perdus de vue.

e) Parler de l'actualité (télé, sport, etc.)

A: Est-ce que quelqu'un a vu cette émission spéciale à la télé hier soir? / L'un de vous a-t-il vu le film …?

B: Non, désolé(e). / Oui, je l'ai vu. Très intéressant/ captivant/passionnant. Qu'en pensez-vous?

A: Est-ce que l'un d'entre vous a entendu parler de cette nouvelle technologie …?

B: Oui, justement. Vous parlez de …? / Non. Racontez-nous! / De quoi s'agit-il exactement?

A: Ce matin j'ai jeté un regard rapide au journal. J'ai vu que le club de foot ABC était descendu en deuxième division.

B: C'est pas vrai! / Oh, vous savez, le foot ne m'intéresse (absolument) pas.

---

9 **ces derniers temps:** in letzter Zeit. | 11 f. **se perdre de vue:** sich aus den Augen verlieren. | 25 f. **descendre en deuxième division:** in die 2. Liga absteigen.

A: Avez-vous entendu parler du nouveau scandale au sujet de la banque AB?	B: Oui, je l'ai lu dans le journal ce matin. C'est scandaleux! / Non, pas encore. De quoi s'agit-il exactement? / Tout cela me laisse indifférent(e).
A: On disait dans le journal que le Vice-Président de la maison X a été licencié hier soir. Vous l'avez lu?	B: Franchement, je m'attendais à quelque chose de semblable. / Cela m'étonnerait. Je trouve que c'est un homme tout à fait honorable. / Franchement, je n'ai rien à cirer de tout ça.

À savoir
- Quand vous *êtes au courant*, vous êtes bien informé(e).
- Lorsque vous n'avez pas le temps de lire le journal, vous y *jetez un regard rapide*.

Bon à savoir
- Pour **exprimer la certitude**, référez-vous à l'échelle ci-dessous:

100 % de
certitude: C'est une soucoupe volante.
C'est certainement une soucoupe volante.
On dirait une soucoupe volante.
C'est peut-être une soucoupe volante.
C'est sans doute une soucoupe volante.

0 % de
certitude: Ce n'est sûrement pas une soucoupe volante.

11 f. **je n'ai rien à cirer de tout ça** (fam.): das ist mir alles ziemlich wurscht. | 21 **la soucoupe volante**: fliegende Untertasse.

- **Notez bien:** Ne pas confondre *sans doute* (peut-être, probablement) avec *sans aucun doute* (sûrement).

Conseil

S'il existe une liste infinie de sujets de conversation possibles dans des lieux publics, il y a une liste restreinte de sujets qui sont en général malvenus. Évitez donc les histoires de goût douteux, le commérage, vos ennuis personnels et les sujets controversés quand vous ignorez l'opinion des autres.

---

6 **malvenu, e:** hier: unangebracht, unangemessen. | 7 **douteux, -euse:** zweifelhaft, zweideutig. | **le commérage:** Gerede, Geschwätz (meist über nicht anwesende Personen). | 8 **controversé, e:** umstritten.

9. Déjeuners et dîners d'affaires

Les échanges hors bureau, par exemple à l'occasion d'une sortie au restaurant avec vos relations commerciales, jouent un rôle très important dans la vie commerciale. Interrompre des négociations difficiles par une invitation à déjeuner ou à dîner peut être très utile dans vos négociations et sera ressenti par tous comme une occasion de se détendre.

Si c'est vous qui invitez, il est fortement conseillé de prendre en considération les préférences alimentaires de vos invités avant de réserver. Questionnez-les sur leurs plats favoris et renseignez-vous aussi sur leurs éventuelles allergies (poisson, œuf, lait, arachide, etc.).

Si vous donnez suite à une invitation, profitez-en pour apprendre à connaître la cuisine française ou peut-être pour aller dans un des restaurants thématiques très fréquents en France, par exemple fromages, vins, spécialités de la mer, etc.

A. Les invitations

A: Vous êtes libre ce soir? Nous pourrions aller dîner ensemble. Je connais un bon restaurant tout près d'ici.

B: Oui, avec plaisir. / Désolé(e), mais je ne peux pas.

A: Qu'est-ce que vous faites ce soir? Je vous invite à prendre un verre.

B: C'est gentil. / Dommage, je suis déjà pris(e).

A: Vous avez quelque chose de prévu pour demain soir? On dîne ensemble?

B: Oui, avec plaisir. / C'est très gentil, mais je ne suis pas libre. / J'ai déjà un rendez-vous que je ne peux pas

---

10 **le plat favori:** Lieblingsspeise, -gericht. | 12 **une arachide:** Erdnuss.

A: Alors, on se retrouve demain, vers sept heures, d'accord?

B: C'est entendu!

annuler. Mais qu'est-ce que vous diriez de repousser le tout à demain soir?

A: Qu'est-ce que vous mangez à midi?

B: Je ne mange plus tellement de viande ces derniers temps. Cela ne veut pas dire que je suis un(e) végétarien(ne) convaincu(e), mais je préfère le poisson et les légumes en général.

A: Puis-je vous demander si vous faites une allergie alimentaire?

B: Oui, je suis allergique au gluten / je fais une allergie au gluten. / Non, Dieu soit loué! La seule allergie que je fais, c'est une allergie à la bêtise.

A: À quelle heure est-ce qu'on se donne rendez-vous? À huit heures? Ça vous convient?

B: Oui, ça me va très bien. / Je préfèrerais vous retrouver à huit heures et demie. Vous êtes d'accord?

A: Je passe vous prendre (en voiture)?

B: Oui, je veux bien. / Ce n'est pas la peine. Je vais prendre le bus.

---

16 f. **Dieu soit loué!** (loc.): Gott sei Dank. | 18 f. **faire une allergie à la bêtise:** gegen Dummheit allergisch sein. | 24 f. **passer prendre qn (en voiture):** jdn. (mit dem Auto) abholen.

B. Au bistro et au restaurant

(1) Au bistro

A: Qu'est-ce que vous voulez boire?

B: Je vais prendre une bière pression. / Juste une bouteille d'eau minérale, s'il vous plaît.

A: *(Serveur)* Que prenez-vous aujourd'hui? / Que puis-je vous apporter?

B: Pour le monsieur, une demi-bouteille de Sauvignon et pour moi, un verre de rouge et une eau minérale, s'il vous plaît.

A: Je vous invite. / C'est pour moi.

B: C'est gentil, merci beaucoup. / Merci pour l'invitation. À charge de revanche! / Non, c'est moi qui invite!

(2) Au restaurant
(À l'arrivée)

Client(e)	Serveur/Serveuse
Bonsoir, Madame/Monsieur. Vous avez une table pour quatre personnes, espace non-fumeur, s'il vous plaît?	Oui, Monsieur. Vous préférez cette table ou celle-ci là-bas?
Plutôt celle-ci. Merci.	Très bien, installez-vous, s'il vous plaît. Je vous apporte la carte.

3 f. **la bière pression:** Bier vom Fass. | 15 **à charge de revanche** (loc.): aber nur, wenn ich mich revanchieren darf.

(Pour préciser qui règlera l'addition)
L'hôte à son invité(e) lorsqu'il l'invite
Je vous invite à dîner. / Je me ferai un plaisir de vous inviter ce soir.

(Après le repas, au restaurant)
Je vous invite. / C'est pour moi.

(Pour attirer l'attention du serveur / de la serveuse)

Client(e)	Serveur/Serveuse
Madame/Monsieur, vous pouvez nous apporter la carte / la carte des boissons / la carte des vins, s'il vous plaît?	Oui, Madame/Monsieur. Je vous apporte ça tout de suite.
	Que désirez-vous?
Excusez-moi, nous n'avons pas encore choisi.	

(Demander un conseil ou une explication au serveur / à la serveuse, avant de commander)

Client(e)	Serveur/Serveuse
Qu'est-ce que vous pouvez nous recommander? / Qu'est-ce que vous nous conseillez?	Je vous conseille le plat du jour.
Quelle est la formule du jour? / De quoi est composé la formule du jour?	En entrée vous avez une salade de calamars, comme plat principal du

1 **l'addition** (f.): Rechnung (im Restaurant). | 24 **la formule:** Menü. | **une entrée:** hier: Vorspeise. | 24 f. **la salade de calamars:** Salatteller mit Tintenfisch. | 25 f. **le plat principal:** Hauptspeise, -gericht.

Pouvez-vous nous en dire plus sur la formule du jour?

poulet rôti avec des frites et comme dessert une salade de fruits.

Le gigot d'agneau, c'est du poisson ou de la viande?

C'est de la viande.

C'est un plat froid ou chaud? / C'est un plat en sauce? / Il y a de l'ail dans le cassoulet? / Il y a des oignons dans le taboulé?

Qu'est-ce que vous avez comme boissons? / Quel vin irait avec ce plat?

Je vous conseille un vin blanc, un Sauvignon, par exemple, pour accompagner le repas.

Qu'est-ce qu'il y a comme dessert?

Vous pouvez choisir entre une tartelette au citron et de la crème brûlée.

(Échange entre l'invité(e) et son hôte avant de commander)

Hôte	Invité(e)
Vous avez décidé?	Oui, je prendrai l'escalope de veau. / Non, je n'ai pas encore décidé. J'hésite entre le plat du jour et le gratin de moules.
Vous désirez un apéritif?	Oui, je veux bien. / Non, merci. Je préfère prendre d'abord une eau minérale.

1 **le poulet rôti:** Brathähnchen. | 4 **le gigot d'agneau:** Lammkeule. | 7 **en sauce:** mit Soße. | 8 **l'ail** (m.): Knoblauch. | **le cassoulet:** südfranzösischer Bohneneintopf. | 10 **le taboulé:** libanesische oder nordafrikanische Salatspezialität aus Weizengrieß und Gemüse. | 15 **la tartelette:** Törtchen. | 19 f. **une escalope de veau:** Kalbsschnitzel. | 23 **la moule:** Miesmuschel.

(Commander)

Client(e)

Serveur/Serveuse
Vous avez choisi?

Oui. Je prends le plat du jour.
Comme entrée, je choisis la
salade de crudités. Est-ce
que je pourrais avoir des
frites au lieu du riz? Comme
dessert, ce sera le gâteau. /
Je voudrais une eau miné-
rale. / Je crois que je prendrai
un vin rouge qui a du
corps.

(Au cours du repas, entre l'invité(e) et son hôte)

Hôte

Invité(e)

Bon appétit!
Merci, à vous aussi.

C'est bon?
Oui, c'est délicieux. / Merci,
c'est très bon.

Vous êtes content(e) de votre
repas?
Tout est vraiment très bon.

Encore un peu de viande?
Oui, je veux bien, c'est excellent. / Oui, mais juste un
petit peu. / Non, merci.
C'était suffisant.

Vous désirez un dessert?
Oui, je veux bien. / Merci,
mais je suis rassasié(e).

Pourriez-vous me passer
le sel, s'il vous plaît?
Voilà.

---

6 **les crudités** (f. pl): (Gemüse-)Rohkost. | 12 f. **un vin qui a du corps:**
ein schwerer Wein. | 26 **rassasié, e:** satt.

| Prenez donc un autre verre de ce vin. Je crois qu'il va très bien avec votre plat de viande. | Oui, je veux bien. / Non, merci. |
| 5 Buvons à une bonne collaboration. À votre santé! | À la vôtre! |

(Au cours du repas, entre le client et le serveur / la serveuse)

Client(e)	**Serveur/Serveuse**
Vous pourriez nous apporter encore un peu de pain, s'il vous plaît?	Je vous apporte ça tout de suite.
Excusez-moi, il manque encore un verre.	Pardon, Madame. Je vous en apporte un sur-le-champs.

(Demander l'addition et partir)

15 **Client(e)**	**Serveur/Serveuse**
Madame/Monsieur, vous pouvez nous apporter l'addition, s'il vous plaît? / L'addition, s'il vous plaît.	Tout de suite, Monsieur/Madame.
20 Est-ce que je peux payer avec ma carte de crédit?	Bien sûr, Monsieur/Madame. / Nous n'acceptons que les cartes Visa.

(Au paiement)

| **Client(e)** | **Serveur/Serveuse** |
| 25 C'est bon. / Le reste est pour vous. | Merci bien, Monsieur/Madame. |

13 **sur-le-champs:** unverzüglich. | 25 **c'est bon:** (das) stimmt so (bei Begleichung der Rechnung).

Hôte

Je pense que nous devrions partir maintenant. Nous avons beaucoup de choses à faire demain.

Invité(e)

Merci pour l'invitation. Le repas était délicieux!

Invité(e)

C'était une soirée très agréable. Merci encore une fois de votre invitation.

Hôte

Il n'y a pas de quoi. J'espère que ça vous a plu.

Bon à savoir

Les cafés et **bistros** font partie intégrante de la vie française, que ce soit dans les villages ou dans les grandes villes. On peut y *casser la croûte* (cela veut dire manger de manière simple et rapide) ou *grignoter* quelque chose (cela veut dire manger par petites quantités). Sachez bien que le prix pour la consommation (ce que vous buvez et mangez) est divisé en trois catégories, selon le lieu où vous vous installez (soit au comptoir, en salle ou en terrasse). Le service, cependant, est toujours inclus dans le prix. En France, il y a une multitude de types de bistros, par exemple: *le café-tabac* (ou bien *le bar-tabac*, selon la région), où on vend aussi des cigarettes, des cartes postales, des timbres, des cartes téléphoniques, etc.; *le café-épicerie* (qui inclut une petite épicerie); *le café-théâtre* (lieu de rencontre des amis de spectacles de cabaret); *le cybercafé* (qui, toutefois, n'a que peu de choses en commun avec les bistros d'origine), et beaucoup d'autres.

---

17 **le comptoir**: Tresen, Theke. | **en terrasse** (f.): im Außenbereich eines Bistros oder Restaurants. | 23 f. **le spectacle de cabaret**: Kleinkunst.

À savoir

À la question: *Vous voulez encore du vin / de la sauce / quelque chose à boire?*, etc., vous pouvez répondre: *Je prends une autre (bouteille de) bière. / Apportez-nous encore deux autres (tasses de) café(s)*, s'il s'agit de noms comptables. Par contre, pour les quantités indéfinies vous dites: *Je prends encore un peu de vin / de lait / de café*, etc. / *Vous nous apportez encore un peu de pain*, s'il vous plaît?

Conversation (1)
(Invitation)

M. Durant: Pour demain après-midi, nous avons prévu une première réunion à 4 heures. Ensuite, vous aurez la possibilité de vous familiariser avec les différents secteurs de notre entreprise. Demain soir, je vous propose d'aller dîner ensemble. Vous êtes libre demain soir?

M. Schneider: Oui.

M. Durant: Parfait. Près d'ici, il y a un petit restaurant avec une excellente cuisine régionale.

M. Schneider: À vrai dire, je ne connais que très peu la cuisine régionale française. Mais si vous me la recommandez, je me ferai un plaisir d'apprendre à la connaître.

M. Durant: Très bien. Vers quelle heure mangez-vous généralement en famille en Allemagne?

M. Schneider: Ça dépend. Normalement entre 19 et 20 heures.

M. Durant: Alors on se retrouve à 19 heures, si ça vous convient?

M. Schneider: Oui, c'est parfait. À quel endroit?

M. Durant:	Le restaurant est en face du théâtre, dans le centre-ville. Mais, si vous voulez, je passe vous prendre en voiture.
M. Schneider:	Ah oui, je veux bien, c'est très gentil. Merci beaucoup.
M. Durant:	Alors, à demain!
M. Schneider:	Merci et à demain.

Conversation (2)
(Au bistro)

Mme David:	Qu'est-ce que vous voulez boire?
M. Klein:	Je ne sais pas. Qu'est-ce que vous prenez?
Mme David:	Je prends un kir. Vous avez déjà bu un kir?
M. Klein:	Oui, oui, je connais bien. Pour moi aussi un kir.
Mme David:	À votre santé!
M. Klein:	À la vôtre!
Mme David:	Ah, il me vient une idée. Au musée d'en face il y a une exposition d'art indien en ce moment. Cela vous intéresserait d'y aller?
M. Klein:	Oui, beaucoup. L'addition, s'il vous plaît!
Mme David:	Non, non, je vous ai invité.
M. Klein:	C'est très gentil, mais cette fois j'insiste. C'est moi qui vous invite.
Mme David:	Alors, merci beaucoup.

Bon à savoir

- Quand un(e) Français(e) vous invite à prendre un **apéritif**, cela ne signifie pas forcément qu'on vous invite à manger. Souvent, on se quitte après l'apéritif ou on va quelque part ensemble (au restaurant, au cinéma, etc.). Les apéritifs sons très appréciés en France. Voici quelques-uns des plus connus: *le pastis* (apéritif alcoolisé parfumé à l'anis); *le kir* (un apéritif constitué de liqueur de cassis et de vin blanc; avec du champagne cela devient un kir royal); *l'ambassadeur* (un apéritif à base de vin aromatisé au quinquina (arbre tropical) et aux écorces d'orange, c'est pourquoi il a un goût assez amer); *le champagne* (vin effervescent, produit de la région de Champagne).

- En **digestif**, c'est-à-dire en fin de repas, pour digérer, on vous proposera: *un armagnac* (eau-de-vie, produit de la Gascogne), ou bien *un cognac* (eau-de-vie de la région Charente, porte souvent le nom de *Brandy* dans les pays anglophones).

Conversation (3)
(Au restaurant)

Le garçon:	Bonsoir, Messieurs. Une table pour deux personnes?
M. Durant:	Oui, nous sommes deux.
Le garçon:	Vous préférez cette table, ou celle-ci?
M. Durant:	Monsieur Schneider, où aimeriez-vous vous installer?
M. Schneider:	Près de la fenêtre.
M. Durant *(au garçon)*:	Vous pouvez nous apporter la carte, s'il vous plaît?
Le garçon:	Bien sûr, Monsieur, la voilà. Vous désirez un apéritif?
M. Durant:	Pourquoi pas! Qu'est-ce que vous prenez

---

5 f. **le quinquina:** Chinarinde. | 6 **une écorce d'orange:** Orangenschale. | 7 **effervescent, e:** sprudelnd. | 9 **le digestif:** Verdauungsgetränk, -schnaps. | 10 **une eau-de-vie:** Schnaps, Branntwein.

comme apéritif, Monsieur Schneider? Moi, je vous recommande un pastis.

M. Schneider: Pastis, …? C'est bien une boisson comparable au raki ou à l'ouzo?

M. Durant: C'est ça! C'est parfumé à l'anis et on le complète avec de l'eau.

M. Schneider: Alors, un pastis pour moi.

M. Durant *(au garçon)*: Monsieur, deux pastis pour nous, s'il vous plaît.

M. Durant *(à M. Schneider)*: On mange très bien ici. Comme je vous l'ai dit, il s'agit surtout de cuisine régionale.

M. Schneider: La carte propose vraiment un large choix. Y a-t-il quelque chose que vous me conseilleriez?

M. Durant: Oui, le pavé de bœuf avec les frites est excellent!

M. Schneider: Pavé, qu'est-ce que cela veut dire? Je ne comprends pas.

M. Durant: Un pavé, c'est un morceau épais. Le pavé de bœuf, c'est donc un morceau épais de bœuf rôti.

M. Schneider: Ah d'accord, je vois! Je veux bien goûter, alors.

(Un peu plus tard)

Le garçon: Messieurs, vous avez choisi? Qu'est-ce que vous prenez comme entrée?

M. Durant: Pour moi, ce sera une assiette de fruits de mer. Et pour vous, Monsieur Schneider?

M. Schneider: La même chose.

Le garçon: Très bien, Messieurs, c'est noté. Et en plat principal?

M. Durant:	Deux pavés de bœuf avec des frites, s'il vous plaît.
Le garçon:	D'accord. Quelle cuisson pour la viande – bien cuit, à point ou saignant?
M. Durant:	Pour moi à point, et pour Monsieur, bien cuit.
Le garçon:	Voulez-vous un peu de vin pour accompagner le repas?
M. Durant:	Bonne idée. Qu'est-ce que vous nous conseillez?
Le garçon:	Je vous conseille un vin rouge, un Bordeaux, par exemple.
Mr. Durant:	D'accord. Alors, nous allons prendre une bouteille de Bordeaux et une carafe d'eau minérale.
Le garçon:	Merci, Messieurs. C'est noté.

(Au cours du repas)

M. Durant:	Alors, c'est bon?
M. Schneider:	La viande est excellente et les frites sont toutes fraîches. C'est très bon.
M. Durant:	Je confirme. Ensuite, vous prendrez un dessert ou plutôt un plateau de fromages?
M. Schneider:	Pour moi, pas de dessert. Seulement un peu de fromage. J'ai déjà bien mangé.
M Durant:	Je suis tout à fait de votre avis. Mais un petit café pour finir le repas, qu'en pensez-vous?
M. Schneider:	Oui, un petit café, c'est d'accord.

3 **la cuisson:** Brat-, Gar-, Backzeit. | 4 **bien cuit, e:** gut durchgebraten. | **à point:** medium (nicht völlig durchgebraten). | **saignant, e:** blutig.

Bon à savoir

Il est considéré comme étant impoli de répondre à la question: *C'est comment? Vous aimez?* par un: *Non, ce n'est pas tellement à mon goût.* Ou encore: *Non, je n'aime pas. Ça ne se mange pas en Allemagne.* Mieux vaut dire: *C'est intéressant.* Ou, à la rigueur: *C'est peut-être un peu fade.* Si, par contre, vous vous régalez, dites: *C'est vraiment délicieux.*

Conseils

- Une **eau minérale** est une bouteille d'eau minérale gazeuse ou non-gazeuse. En France, on vous sert d'habitude une carafe d'eau gratuite avec le café ou le repas. Il s'agit là d'eau du robinet. Gare cependant à *l'eau-de-vie*, boisson alcoolique assez forte, obtenue par distillation et à base de fruits. Ci-après quelques expressions courantes sur *l'eau*: Si vous êtes *tout en eau*, vous transpirez beaucoup. Quand on vous dit: *Il y a de l'eau dans le gaz*, cela veut dire qu'il y a des problèmes, et quand vous risquez de vous *noyer dans un verre d'eau*, vous avez des difficultés à résoudre un problème mineur. Et, pour finir, quelqu'un qui *vit d'amour et d'eau fraîche* vit d'espoir et de peu.
- La question: *Quelle cuisson pour la viande?*, vise à savoir comment vous aimez que votre viande soit préparée: *bien cuit* (tout à fait rôtie), *à point* (la viande a une couleur rosé, mais n'est pas saignante), *saignant / à l'anglaise* (c'est-à-dire que la viande est encore saignante au milieu).

---

7 **se régaler:** es sich schmecken lassen. | 9 **une eau minérale gazeuse:** Mineralwasser mit Kohlensäure. | 12 **le robinet:** Wasserhahn. | 17 **se noyer:** ertrinken.

(Après le repas)

M. Schneider: C'était une soirée très agréable. Merci beaucoup pour l'invitation.

M. Durant: Oui, ça m'a également fait très plaisir. Si vous voulez, je vous dépose à l'hôtel.

M. Schneider: C'est très gentil de votre part. Merci bien.

Bon à savoir

Aller au restaurant *en France*

Dans la plupart des restaurants français, le serveur vous demande si vous voulez un apéritif avant de passer commande. Le serveur prend ensuite votre commande et vous demande ce que vous souhaitez en *entrée* et en *plat principal*. La plupart des restaurants proposent différents *menus* appelés **formules**. Elles se composent généralement d'une entrée + plat principal, d'un plat principal + dessert ou d'une entrée + plat principal + dessert. Les entrées, aussi appelées hors-d'œuvre, consistent souvent en un choix de salades, d'assiettes de crudités, de sardines à l'huile, d'œufs mayonnaise, etc. Quant au plat principal, il s'agit de viande ou de poisson accompagné de légumes ou de féculents. Si vous mangez *à la carte*, vous pouvez combiner les plats individuellement selon votre goût. Dans la plupart des restaurants, on vous propose un *plat du jour*. On commande *le dessert* après le repas. – Le fromage est servi juste avant le dessert, qu'il peut aussi remplacer. Le café est servi après le dessert. Si vous voulez du lait dans votre café, demandez *un crème*. Vous

---

5 **déposer qn**: jdn. absetzen. | 21 **les féculents** (m. pl.): hier: Sättigungsbeilage. | 22 **le plat**: hier: Gang (Essen). | 24 **le plat du jour**: Tagesgericht.

pouvez terminer votre repas par un *digestif* (un cognac, un armagnac, etc.). La *carte des vins* est souvent à part. Le prix comprend le service, mais le serveur s'attend tout de même à un pourboire.

4 **le pourboire:** Trinkgeld.

10. Savoir présenter une demande

La manière d'exposer le motif de votre demande dépend du cadre dans lequel a lieu l'échange: vous ne vous exprimerez pas de la même manière chez un client important ou lors d'un cocktail. Cela dépend également des relations que vous entretenez avec votre interlocuteur: vous ne vous adresserez pas de la même façon à un supérieur hiérarchique qu'à un ami. L'objet de votre demande est tout aussi important: demander son chemin dans la rue ou se renseigner sur les qualifications requises pour un nouvel emploi sont deux demandes de nature bien différente.

Voici quelques situations type:

a) Demander de l'aide

Demande	Réponse
Excusez-moi, Madame/ Monsieur. Vous pouvez m'aider, s'il vous plaît? / Pourriez-vous m'aider, s.v.p.? / Voudriez-vous bien m'aider, s.v.p.?	Oui, avec plaisir. / Un instant, j'arrive tout de suite.
Vous pouvez / Pourriez-vous m'expliquer comment ça marche? Je n'y arrive pas. / Je n'y comprends rien.	Attendez, je vais voir. / Attendez, je vais vous aider. / Pas de problème. Je m'en occupe. / Je vais vous expliquer comment il faut faire. / J'aimerais bien vous aider, mais je n'y comprends rien moi-même.

Je peux vous demander un petit service? / Je peux vous parler une minute?	Mais bien sûr. En quoi puis-je vous être utile?
Vous pourriez / Pourriez-vous traduire ce texte en français, s.v.p.?	Oui, volontiers. / Pas de problème.
Je vous serais très reconnaissant(e) de me donner votre adresse e-mail.	Oui, bien sûr. Mon adresse e-mail est …

Bon à savoir

Pour donner votre adresse e-mail (ou adresse électronique), p. ex.: hans.klein@t-online.de, vous dites: *Mon adresse e-mail, c'est hans – point – klein – arobase – t – tiret – online – point – de.*

Dans la correspondance commerciale

Auriez-vous la gentillesse de me donner une réponse dans les plus brefs délais?

Veuillez nous indiquer si la livraison d'un article semblable et de qualité similaire vous conviendrait également.

Demandes faites par écrit, demandes dans un lieu public

Prière de traiter ce dossier en priorité.
Prière de répondre par retour du courrier.
Prière de ne pas fumer.
Prière de prendre rendez-vous au préalable.

1 f. **En quoi puis-je vous être utile?:** Was kann ich für Sie tun? | 16 f. **dans les plus brefs délais:** schnellstmöglich, innerhalb kürzester Zeit. | 21 **Prière de traiter ce dossier en priorité:** Diese Akte soll schnellstmöglich bearbeitet werden. | 22 **Prière de répondre par retour du courrier:** Um postwendende Antwort wird gebeten. | 24 **Prière de prendre rendez-vous au préalable:** Um Voranmeldung wird gebeten.

Plutôt familier

S'il te plaît, soit gentil(le), apporte-moi ma veste.

Aurais-tu la gentillesse de baisser un peu ta musique? (avec une pointe de moquerie)

Conseil

Par des formules de politesse qui introduisent votre demande ou par un simple *s'il vous/te plaît?*, vous pouvez adoucir chaque demande. Quelques exemples: *Pourriez-vous m'aider, s'il vous plaît, à trouver les documents? / Madame/Monsieur, où est-ce que je peux trouver un bureau de tabac, s'il vous plaît? / Je cherche le service de comptabilité, s'il vous plaît? / Excusez-moi de vous déranger, s'il vous plaît, mais je voudrais savoir si la réunion de demain est maintenue?*

b) Demander la permission

Demande	Réponse
Puis-je vous interrompre un moment?	Oui.
Je peux entrer?	Entrez! / Mais entrez, s'il vous plaît.
Je vous prie d'excuser le dérangement. Pourrais-je vous demander quelque chose?	Pas de problème. De quoi s'agit-il? / En quoi puis-je vous être utile?
Est-ce que je dérange?	Non, pas du tout.
Ça vous dérange si j'ouvre la fenêtre?	Mais non, pas du tout. Allez-y!
Voyez-vous un inconvénient à ce que j'invite Monsieur Ducroix à la réunion?	Non, c'est d'accord pour moi.

3 f. **avec une pointe de moquerie:** etwa. mit spöttischem Unterton |
26 f. **voyez-vous un inconvénient à ce que** (+ subj.): haben Sie etwas dagegen, wenn ich …

Est-ce que je peux voir?	Bien sûr.
Ça vous dérange que je fume?	Non, ça ne me dérange pas. / Pas du tout.
Êtes-vous d'accord pour que je prenne mes congés en mai?	Oui, ça devrait être possible. / Oui, d'accord.

c) Proposer son aide

Demande	Réponse
Je peux vous aider?	Oui, s'il vous plaît. C'est très gentil (à vous). / Non, merci. Ça va. / Ce n'est pas la peine. / Ce n'est pas nécessaire.
Est-ce que je dois appeler un taxi? Est-ce que je peux vous aider à porter votre valise?	Oui, si ça ne vous fait rien. Merci.
Je vais en ville. Est-ce que je peux vous emmener?	Oui, je veux bien, si ça ne vous dérange pas.

d) Demander un service à quelqu'un
La demande directe

Pour exprimer une demande directe, on utilise le mode impératif, qui est très direct, et c'est alors plutôt un ordre qu'une demande: *Faites-le tout de suite. / Appelez-moi à 10 heures précises.* (Notez bien que, contrairement à l'allemand, il n'est pas nécessaire en français de mettre un point d'exclamation à la fin d'une phrase impérative.)

En employant l'expression *il faut que* (suivie du subjonctif) et d'autres expressions équivalentes, ou en utilisant le futur ou le conditionnel, vous soulignez l'urgence de votre demande, ou vous renforcez tout simplement votre autorité sur la personne à qui vous adressez cette demande. Notez cependant: tout dépend aussi de l'intonation …

Quelques exemples

Il faut que tu me donnes les chiffres tout de suite.

Vous voudriez bien me chercher les références de cet article?

Vous pourriez me dire s'il y a encore des places disponibles?

Il est indispensable que vous me fournissiez ces renseignements.

La demande neutre

La demande neutre s'exprime sous forme d'une simple question:

Avez-vous déjà préparé le dossier X?

Est-ce que tu sais où je peux joindre Monsieur Dupont?

À savoir

- Mise à la **forme négative**, votre demande devient moins directe, vous suggérez ou proposez. Par exemple: *Vous ne voudriez pas m'aider à trouver ces informations? / Cela ne t'ennuierait pas de me chercher des renseignements sur ce sujet? / Vous ne sauriez pas où je peux m'adresser pour faire une réclamation? / Vous ne pourriez pas me dire comment me procurer cet article?*
- Apportez un peu de raffinement à votre demande par des formules plus élaborées, comme, par exemple: ***Cela ne vous dérangerait pas de** me fournir toutes les informations sur la question? / **Aurais-tu la gentillesse de** chercher dans quel journal cet article est paru? / **Auriez-vous l'amabilité de** m'aider dans ma recherche?* Notez bien que les tour-

2 **une intonation:** Intonation, Stimmlage. | 13 **joindre qn:** jdn. erreichen.

nures: *Aurais-tu la gentillesse de . . . / Auriez-vous l'amabilité de . . . / Auriez-vous l'obligeance de . . . / Je vous prie de bien vouloir . . .* s'utilisent surtout dans les demandes écrites. Quand utilisées dans la langue parlée, elles ont souvent une connotation ironique pour souligner que la personne ne vous aide pas beaucoup et pour l'inciter à faire un effort, ou encore pour insister après plusieurs demandes infructueuses.

e) Faire une proposition

Pour conseiller, offrir ou suggérer quelque chose, donc pour proposer, vous pouvez dire:

Proposition	Réponse
Je propose/suggère de faire une petite pause.	Oui, d'accord. / Ce n'est pas mal comme idée.
Et si on allait au restaurant ce soir?	Oui, si vous voulez. / Je n'ai rien contre. / Non, désolé(e). Je suis déjà pris(e).
Une tasse de café, ça vous dirait?	Oui, merci. / Non, merci, ça va.
Ça vous dirait de faire une pause? / Vous n'auriez pas envie de faire une promenade?	Oui. Avec plaisir.
On pourrait présenter le nouveau projet dans les médias. Qu'en pensez-vous?	Je trouve que c'est une très bonne idée. / Je pense qu'on devrait y réfléchir encore une fois avant de prendre les mesures adéquates. / Ce serait mieux d'attendre encore un peu.

8 **infructueux, -euse:** ergebnislos, vergeblich..

À savoir

On essaie de susciter l'envie de l'autre (de faire quelque chose ou de boire ou de manger quelque chose) en demandant *Ça vous dirait de ...?*

Conseil

Pour exprimer votre incompétence à répondre à une demande ou à une proposition, voici quelques répliques plus ou moins familières: *Aucune idée. / Pas la moindre idée. / Malheureusement, je ne m'y connais pas du tout. / Et comment est-ce que je le saurais?*

f) Demander son chemin

Pour demander votre chemin lorsque vous abordez un(e) inconnu(e) dans la rue, demandez-lui:

Pardon, Madame/Monsieur. Pour aller à ..., s'il vous plaît?
Pardon, Madame/Monsieur, la gare, s'il vous plaît?
Excusez-moi. Je cherche la gare.
Madame/Monsieur, s'il vous plaît, vous savez où est la poste?
La poste est loin d'ici, Madame/Monsieur?
Excusez-moi, Madame/Monsieur. Est-ce qu'il y a une poste près d'ici?

Conseil

Quelques locutions pour **guider** quelqu'un: *Vous allez tout droit. / Prenez la première/seconde rue à droite / à gauche. / Traversez la rue / le pont / le carrefour / la place. / C'est derrière la maison devant vous. / Vous passez devant l'église. /*

---

2 **susciter:** hervorrufen, erregen. | 22 **guider qn:** jdm. den Weg beschreiben. | 22 f. **(aller) tout droit:** geradeaus (gehen). | 24 **traverser:** überqueren. | **le carrefour:** Kreuzung.

Montez/Descendez les escaliers. / C'est juste au coin de la rue. / C'est en face de la gare. / Au feu vous tournez à gauche. / (en voiture:) Vous continuez jusqu'au rond-point. / Puis vous prenez la direction de Dijon. Si vous ne savez pas répondre, vous pouvez dire: *Désolé(e), je ne suis pas d'ici.*

Conversation

A: Pardon, Monsieur, pour aller au Louvre, s'il vous plaît?
B: Prenez le métro direction Charles de Gaulle / Étoile et descendez à Trocadéro.
A: Il n'y a pas de bus?
B: Vous pouvez prendre la ligne 82, mais c'est plus long.
A: Merci beaucoup et au revoir.

g) Demander un conseil

Si vous avez besoin d'un conseil, vous pouvez dire:

Je ne sais pas quoi faire. J'ai besoin de votre/ton conseil.
Pourriez-vous (peut-être) me donner un conseil?
Avez-vous une idée comment je pourrais m'y prendre?
Quel modèle me recommanderiez-vous?
Comment faire … (pour copier ce CD)?
Qu'est-ce que je dois faire, à votre avis?
Quoi faire alors?
Qu'est-ce que vous pouvez encore proposer à ce sujet?
Qu'est-ce que vous proposeriez?
À votre avis, qu'est-ce que nous pourrions faire ce soir?

2 **être en face de qc:** gegenüber von etwas liegen. | **le feu:** Ampel. |
3 **le rond-point:** Kreisverkehr. | 17 **comment je pourrais m'y prendre?:** wie soll ich das anstellen/machen?

Bon à savoir

- Pour **donner un conseil**, dites: *Si je peux me permettre un conseil, rentrez plutôt en taxi.* / *Si je peux vous donner un conseil, le mieux c'est de parler encore une fois à votre chef.* / *Vous devriez peut-être lui parler encore une fois.* / *Moi, à votre place, je demanderais conseil à un avocat.* / *Vous devriez vraiment vous excuser auprès d'elle.* / *Si vous voulez mon avis, ne l'invitez (surtout) pas.* / *Ce ne serait peut-être pas mal de lui téléphoner d'abord.*
- Pour **déconseiller** quelque chose à quelqu'un, vous pouvez dire: *Je ne peux que vous le déconseiller.* / *Je ne vous le recommande pas.* / *Ne vous en mêlez surtout pas!* / *Ce n'est pas la peine … (d'y aller).* / *Moi, je ne trouve pas bon de faire ça.* / *C'est en vain.* / *Ça ne sert à rien.* / *Ça ne mène à rien de lui téléphoner encore une fois.*

Conversation

Sandrine: Est-ce que tu as une idée de restaurant pour nos invités?

Claude: On pourrait aller ‹Chez Luc›. C'est près, rapide et la carte est assez variée.

Sandrine: Non, je préfère un endroit calme.

Claude: Qu'est-ce que tu penses du restaurant ‹L'Étoile›, dans le centre-ville, près du musée national? On mange très bien là-bas.

Sandrine: Je déconseille vivement. Il y a toujours trop de monde.

Claude: Et si on allait manger un couscous au ‹Central›? Le décor est original, non?

---

12 **Ne vous en mêlez surtout pas** (fam.): Lassen Sie lieber die Finger davon.

Sandrine: Oui, c'est vrai. Le cadre est agréable. Mais c'est trop loin du bureau.

Claude: Pourquoi pas ‹L'Auberge du roi›, alors? C'est juste à côté, la cuisine est excellente et il y a même une terrasse.

Sandrine: Ça, c'est une très bonne idée. Là, je suis absolument pour. Je vais appeler tout de suite pour réserver une table.

Communication commerciale

11. Réunions de travail

Le monde du travail impose de nombreuses réunions professionnelles. Bien qu'en France beaucoup d'entre elles se passent
aujourd'hui en anglais, on attend cependant des participants
qu'ils soient capables de comprendre et de s'exprimer en français. Voilà pourquoi il est opportun de consacrer un peu de
temps à vous préparer à une réunion tenue en français, par
exemple en étudiant les expressions et locutions courantes
présentées ci-dessous. Pour prendre un rôle actif, révisez le
matériel et notez toute expression que vous pourriez être te-
nu(e) d'utiliser. Pendant la réunion, essayez de rester concen-
tré sur la conversation, même si vous ne comprenez pas tout ce
qui est dit. Si vous deviez être amené(e) à faire une remarque,
ne vous souciez pas des fautes que vous pourriez commettre.
Et – chose très importante – n'hésitez surtout pas à poser des
questions ou à demander plus de précisions au cas où vous
n'auriez pas compris l'essentiel de ce qui est dit au cours de la
réunion. On attend de la part des participants qu'ils prennent
un rôle actif et qu'ils interviennent en faisant des propositions
ou en posant des questions.

Expressions utiles

Vous **fixez une date** de réunion ou bien vous **plani-
fiez** une réunion pour une
certaine date.

Vous êtes **en** réunion.

Dans le contexte

Nous avons fixé la date de
réunion pour vendredi
prochain.

Désolé(e), mais Monsieur
Dupont n'est pas disponible
ce matin. Il est en réunion
toute la matinée.

Une réunion peut être **ajournée** à une date ultérieure.	Je regrette, mais la réunion fixée pour mardi prochain sera ajournée à une date encore indéterminée.
Une réunion peut être **reportée**.	Nous devons reporter la réunion prévue pour demain.
Une réunion peut être **annulée**.	La réunion a été annulée à la dernière minute parce que le président de la réunion est tombé malade.
L'animateur d'une réunion est celui qui est responsable de son organisation et de son déroulement. Il **établit / dresse** ou **prépare** l'**ordre du jour**. Il préside la réunion. Au cours de la réunion, c'est lui qui veille au respect de l'ordre du jour.	En ma qualité d'animateur de réunion, c'est à moi d'en définir et d'en préparer le sujet.
L'ordre du jour est la liste des sujets dans leur ordre de traitement lors de la réunion.	Mon chef a rédigé l'ordre du jour pour la réunion de demain, mais à mon avis, il contient trop de sujets à traiter pour respecter la durée prévue.
L'animateur nomme le/la **secrétaire de réunion** pour la transcription du Procès-Verbal.	Notre chef m'a désigné(e) comme secrétaire de la prochaine réunion.

1 f. **ajourner qc**: hier: etwas vertagen, verschieben, aufschieben. |
11 **un animateur / une animatrice**: Besprechungsleiter(in). |
26 f. **le/la secrétaire de réunion**: Schriftführer(in). | 29 **le Procès-Verbal (PV)**: (Sitzungs-)Protokoll.

La convocation est préparée par l'animateur.	La convocation doit être adressée à tous les participants de la réunion en temps voulu. Elle doit comporter l'ordre du jour, l'heure et la durée de la réunion, le lieu prévu et la liste des participants invités.
L'animateur **fait circuler** l'ordre du jour en début de réunion.	Quant à l'ordre du jour que nous venons de faire circuler, je vous précise maintenant le timing pour chacun des points.
Une fois tous les points abordés, y compris **les (points) divers, la conclusion finale** est effectuée.	Sachant que nous avons abordé tous les points de l'ordre du jour et parlé des divers sujets, vous pouvez maintenant poser vos questions.

Réussir les diverses étapes d'une réunion

Ouvrir la réunion

a) Pour débuter la réunion et mettre fin aux conversations des participants:

Mesdames et Messieurs, pourrais-je avoir votre attention, s'il vous plaît?

---

1 **la convocation:** hier: Einladung. | 3 **en temps voulu:** rechtzeitig, fristgerecht. | 9 **faire circuler qc:** etwas in Umlauf bringen, herumgehen lassen, verbreiten.

b) Dans le cas où des personnes étrangères ou inconnues aux autres participants de la réunion seraient présentes:

Bonjour Mesdames et Messieurs.
Bonjour à toutes et à tous.
Je vous remercie d'être venus.
Merci d'être venus en si grand nombre.
Je propose de commencer maintenant.
Alors, commençons.
J'aimerais commencer par vous présenter nos invités d'Allemagne.

c) Pour s'adresser aux visiteurs de l'entreprise:

Je suis heureux(-euse) de vous accueillir dans notre entreprise.

Les mots d'introduction

Est-ce que chacun d'entre vous est en possession d'un exemplaire de l'ordre du jour?
La fin de la réunion est prévue pour 11 heures.
C'est Charles qui rédigera le Procès-Verbal de notre réunion.
Maintenant, j'aimerais bien aborder les sujets à traiter selon leur position dans l'ordre du jour.
Est-ce que tout le monde est d'accord?
Y a-t-il des objections à cette démarche?
Permettez-moi de vous rappeler l'objectif de notre réunion d'aujourd'hui.
Comme vous savez, nous sommes ici aujourd'hui pour discuter de …

Faire l'état des lieux

Pour commencer, j'aimerais bien vous mettre au courant de la situation actuelle / vous informer de la situation actuelle.

Permettez-moi de dire quelques mots au sujet de la situation actuelle, pour ainsi mettre tout le monde au courant. Où en est-on?

Aborder le premier sujet

Commençons donc par traiter le premier sujet / le premier point de l'ordre du jour.

Nous devons discuter de …/ Nous avons à parler de …

Passer au point suivant

Passons maintenant au point suivant.

Venons-en au point suivant.

Tout le monde est d'accord pour continuer avec le point n° 3 de l'ordre du jour?

Passer la parole

Maintenant, je donne la parole à Monsieur Schneider, un des nos visiteurs allemands, qui va nous informer de … / qui nous mettra au courant de la situation actuelle en Allemagne.

Demander l'avis des participants

Et vous Richard, qu'en pensez-vous?

Quel est votre point de vue, Monsieur Dupont?

Et qu'en pensent les autres?

Quelqu'un d'autre partage-t-il cet avis?

Est-ce que quelqu'un voudrait réagir à cette proposition?

Quelqu'un d'autre souhaite-t-il intervenir à ce sujet?

Quelqu'un veut-il faire un commentaire?

2 f. **Où en est-on?**: etwa: Wie ist der Stand der Dinge?, Wo stehen wir?

Exprimer son opinion et son point de vue

Je trouve que …
Je pense que …
Je suis d'avis que …

À mon avis …
Je voudrais souligner que …
Il me semble que …

Demander de prendre la parole

Pourrais-je juste faire un bref commentaire là-dessus?
Excusez-moi, pourrais-je faire une remarque concernant …?

Approuver et contredire (du plus fort au plus faible)

Approuver	Contredire
Je partage tout à fait votre avis. / Je suis entièrement d'accord avec vous. / Je me range à votre avis.	Désolé(e), mais je ne suis pas du tout d'accord (avec vous là-dessus). / Cela ne correspond pas aux faits.
Je pense que vous avez raison.	Là, je dois vous contredire. / On ne peut pas voir cela comme ça.
Je suis d'accord avec vous dans une certaine mesure, mais je ne trouve pas que …	Je ne crois pas que nous puissions avancer dans la question comme vous le proposez.
Vous avez sans doute raison, mais …	Il peut toutefois s'avérer difficile de faire cela.

À savoir

Évitez d'utiliser des locutions telles que: *Mais ça va pas? / Quelle connerie! / N'importe quoi!* Ce sont des expressions très familières qui se disent à la rigueur au sein de la famille ou entre copains pour exprimer votre refus.

Interrompre quelqu'un poliment

Veuillez m'excuser de vous interrompre.

Je suis désolé(e) de vous interrompre, mais vous avez déjà dépassé votre temps de prise de parole.

Avant de poursuivre votre discours, permettez-moi de vous poser une question.

Tout cela est bien beau, mais …

Puis-je ajouter quelque chose?

Si je peux me permettre d'ajouter quelque chose …

Indiquer qu'on veut garder la parole

Un moment, je n'ai pas encore terminé.

Vous me laissez terminer, s'il vous plaît?

Laissez-moi terminer sur ce point, s'il vous plaît.

Puis-je simplement terminer?

Pour terminer ce que je disais …

Demander le silence

Messieurs-dames, je vous demande un peu de silence!

Je voudrais encore dire quelque chose.

À savoir

Dans un cercle d'amis ou dans la famille, vous entendrez des locutions comme *Chut!* / *Vous allez vous taire maintenant?* / *Tais-toi!*, ou encore *La ferme!* (très familier!). Il n'est pas recommandé de les utiliser dans le monde des affaires!

21 **chut!:** pʃøt! | 22 **la ferme!** (fam.)· halt die Klappe!

Prière de répéter et de préciser

a) Si vous n'avez pas bien entendu:

Excusez-moi, je n'ai pas bien entendu ce que vous venez de dire au sujet de …

Pourriez-vous répéter, s'il vous plaît?

Désolé(e), je n'ai pas entendu. Pouvez-vous me le répéter?

b) Si vous n'avez pas bien compris:

Pardon, mais je n'ai pas bien compris.

Excusez-moi, je ne vous suis pas très bien (au sujet de …).

Pourriez-vous vous exprimer de façon plus précise, s'il vous plaît?

c) Pour demander plus de précision à l'orateur:

Qu'entendez-vous exactement par là?

Qu'est-ce que vous entendez par là?

Que voulez-vous dire exactement par cette phrase?

Désolé(e), je ne vois pas ce que vous voulez dire par là. Pourriez-vous me donner plus de précisions à ce sujet?

Pourriez-vous bien préciser ce que vous voulez dire par là?

Pourriez-vous développer?

Est-ce que vous entendez par là que …?

Ai-je bien compris que …?

Voulez-vous dire par là que …?

d) Pour vérifier que vous avez bien compris:

Vous voulez dire que …

Cela signifie que …

Vous dites donc que …

Ce que vous voulez dire, c'est que …
En d'autres termes …

À savoir
Pour signaler que vous avez compris, vous pouvez dire: *Oui, je comprends (bien)! / Merci. Maintenant tout est clair.*

e) Pour vérifier si vos propos ont bien été compris:

C'est clair? / Tout est clair?
Vous voyez où je veux en venir?
Je ne sais pas si je me suis bien fait comprendre.

Revenir sur un sujet
Vous avez dit il y a quelques instants que …
Vous venez de dire que …
Je vous remercie de bien vouloir réexpliquer ce que vous venez
  de dire.
Je voudrais bien revenir sur ce que vous avez dit au sujet de …
  Où en sommes-nous à l'heure actuelle?
  Quelle est la situation actuelle?

Empêcher les participants de tous parler en même temps
Mesdames et Messieurs, je vous demande votre attention pour
  un instant. Je vous prierais de parler les uns après les autres.
Un seul à la fois, s'il vous plaît.
Très bien, Richard, merci de votre commentaire. Isabelle, voulez-vous le commenter? / Auriez-vous un commentaire à
  formuler?

8 **… où je veux en venir:** worauf ich hinauswill

Éviter de s'écarter du sujet

Je voudrais bien que nous revenions au sujet principal.
À mon avis, ces aspects dépassent le cadre de cette réunion.
Je pense que cela est en dehors du cadre de notre réunion.

Exprimer des doutes

Je suis toujours encore un peu méfiant(e) en ce qui concerne le
  projet / à l'égard de ce projet.
J'entrevois quelques problèmes quant au possible déroulement
  de cette affaire, mais …
Il est (plus que) douteux que les mesures proposées contri-
  buent à atteindre les objectifs souhaités.
Je ne pense pas que nous parviendrons à réaliser le projet dans
  les délais prévus.

Essayer de dissiper un malentendu

Il semble y avoir un certain malentendu à ce sujet.
Je crains qu'il n'y ait un malentendu sur …
Laissez-moi simplement expliquer plus en détail ce que je vous
  ai dit tout à l'heure.
Si je pouvais vous éclairer sur ce sujet …
On pourrait aussi dire que …

Se corriger

Excusez-moi. Je me suis mal exprimé(e). Je pensais …
Non, en fait, je pensais …

---

1 **s'écarter du sujet:** vom Thema abschweifen (*s'écarter de qc:* sich von
etwas entfernen). | 7 **à l'égard de qc:** hinsichtlich einer Sache. | 14 **dis-
siper:** hier: aus dem Weg räumen, aufklären.

Ne pas vouloir s'engager

Vous me posez là une question extrêmement délicate, à laquelle il est, en effet, difficile de répondre immédiatement.

Je vais devoir me renseigner avant de vous répondre.

Je vais devoir y revenir parce que je n'ai pas de chiffres précis.

Gérer le temps

Il ne nous reste plus beaucoup de temps.

Il nous reste peu de temps.

Soyez brefs, sil vous plaît.

Monsieur Schneider, je vous demande d'être extrêmement bref.

Traiter les questions en suspens

Il nous reste encore à aborder l'essentiel du sujet n° 4 de l'ordre du jour.

Nous devons encore sérieusement réfléchir à … / à la question …

Nous n'avons pas encore décidé de ce que nous allons faire avec …

Ce dont nous n'avons pas encore discuté, c'est de la question …

Nous devons tout de même établir des plans détaillés concernant …

Il reste à décider si …

Il faut encore prendre une décision quant à …

Proposer

Je voudrais suggérer de … (+ infinitif).

Je voudrais proposer une alternative.

Alors, pourquoi ne déciderions-nous pas …

Pourquoi ne pas décider …

12 **en suspens.** offen, ungeklärt, schwebend.

Pouvons nous maintenant mettre la proposition aux voix? /
J'aimerais bien que nous procédions au vote.
Qui vote pour la proposition? Qui vote contre?

D'autres phrases utiles

Cela dépend (de) …   Ce phénomène est dû à …
L'objectif est de …   Cela découle du fait que …
La raison est que …   Cela signifie que …
C'est pourquoi …   C'est donc pour cela que nous
C'est la raison pour laquelle …   devrons …

À savoir

Un *objectif* est un but ou une cible tandis qu'une *raison* ex-
plique un acte ou un jugement.

Résumer

Est-ce que tout le monde est d'accord sur ce point?
Avons-nous un accord unanime sur ce point?
Est-ce que quelqu'un parmi vous a quelque chose à ajouter à ce
    sujet?
Y a-t-il quelqu'un qui aurait quelque chose à ajouter avant de
    continuer?
Y a-t-il d'autres questions ou observations?
Avez-vous des questions à ce sujet?
Alors, pour résumer / en résumé, nous allons donc faire …
En conclusion, nous allons donc faire …
Nous sommes donc parvenus à un consentement mutuel sur la
    question …

---

1 **mettre qc aux voix:** etwas zur Abstimmung bringen. | 2 **procéder au
vote:** zur Abstimmung kommen. | 6 **découler de qc:** von etwas kom-
men, herrühren.

Consigner les principales tâches

Bernard, seriez-vous d'accord pour faire …?

Nous avons besoin de chiffres plus précis là-dessus. Monique, êtes-vous d'accord pour vous en occuper?

Clore la réunion

Alors, apparemment, nous avons abordé tous les sujets de l'ordre du jour.

Je n'ai plus rien à dire / à ajouter à ce sujet.

C'est sur cela que je voudrais clore le sujet.

S'il n'y a plus de commentaires ou de questions, je vous propose de faire une pause.

Sur ce, j'aimerais clore notre réunion pour aujourd'hui.

(Pour remercier les visiteurs:) Au nom de la société, j'aimerais remercier nos invités allemands d'être venus aujourd'hui.

Je tiens à remercier chacun d'entre vous d'être venu aujourd'hui.

Merci à tous d'être venus.

J'espère vous revoir tous lors de notre prochaine rencontre.

Bon à savoir

- On distingue **différents types de réunions**, en fonction de leur objectif. Les plus connues sont: *la réunion d'information* (pour transmettre des informations); *la réunion de discussion* (pour obtenir des résultats, pour arriver à une conclusion ou bien pour prendre des décisions communes); *la réunion de motivation* (pour susciter la mobilisation des participants autour d'un thème ou d'une action); *la réunion de sondage* (pour écouter les avis de chacun, pour prendre une décision ultérieure ou tester

1 **consigner**: hier: festhalten, notieren. | 12 **sur ce**: hiermit.

certains éléments); *la réunion de coordination* (pour informer sur l'évolution d'un projet ou d'une activité).

- Les **étapes de déroulement** d'une réunion professionnelle sont les suivantes: *L'ouverture:* Une des tâches de l'animateur est de faciliter les premières prises de paroles, surtout si les participants ne se connaissent pas (tous). Il fait donc les présentations de chaque participant de la réunion (la table ronde). Ensuite, il définit les règles du jeu, c'est-à-dire qu'il définit son rôle et celui des participants, qui doivent alors valider ou nuancer ses propositions. Puis, la durée de la réunion et ses horaires (pauses, heure de clôture de la réunion) sont à valider par les participants. *Les échanges:* On attend des participants de participer à l'atteinte la réalisation des objectifs et de respecter les règles du jeu définies. L'animateur joue un rôle d'arbitre. *La clôture de la réunion:* À la clôture des débats, le groupe doit se séparer sur des conclusions claires pour tous. C'est le moment d'établir **le plan d'action** où sont définies les modalités pratiques d'application pour rendre la décision opérationnelle. En d'autres termes, le plan d'action dicte les tâches à accomplir et les noms des personnes qui en seront responsables. La dernière tâche de l'animateur (ou bien du secrétaire de séance, le cas échéant) est de dresser **le compte-rendu** ou le **Procès-Verbal** de séance, qui est un résumé complet et explicite de la réunion. Il doit être court et surtout facile à lire et être rédigé le plus rapidement possible, pour contribuer à l'application des décisions prises lors de la réunion.

---

8 **la table ronde:** der runde Tisch. | 10 **valider qc:** etwas bestätigen, anerkennen, für gültig erklären. | 15 **un/une arbitre:** Schiedsrichter(in). | 18 **le plan d'action:** Aktions-, Arbeitsplan. | 24 **le compte-rendu:** (Sitzungs-)Protokoll.

Conversation

Claude: *(Ouvrir la réunion et en définir les objectifs:)* Bonjour à toutes et à tous et bienvenus à notre réunion d'aujourd'hui. Merci d'être venus. Je propose donc de commencer. Nous avons prévu de lever la séance à 15 heures. Marcel Leblanc rédigera le Procès-Verbal de la présente réunion. Comme vous le savez tous, la réunion vise à la nécessité de réduire les coûts. *(Donner la parole à un participant de la réunion pour rapporter certains faits:)* Je voudrais d'abord donner la parole à Robert Cermon, notre chef de vente, qui nous informera de la situation actuelle.

Robert: *(Aborder le premier sujet de l'ordre du jour:)* Bon, examinons d'abord brièvement les possibilités que nous avons à portée de main pour diminuer les coûts. *(Donner son avis:)* Pour ma part, je dirais qu'une des possibilités à envisager serait de diminuer le budgets des départements recherche et développement. *(Demander l'avis:)* Qu'en pensez-vous, Richard?

Richard: Je suis entièrement d'accord avec vous.

Diane: J'aimerais bien rajouter quelque chose. *(Exprimer un faible accord:)* Bien que vous ayez peut-être raison, *(exprimer son opinion:)* fait est qu'il existe encore beaucoup d'autres options pour arriver au même but.

Dennis: *(Proposer:)* Je voudrais proposer une alternative. Pourquoi ne pas externaliser quelques fonctions secondaires? Par exemple …

Diane: *(Interrompre:)* Avant de poursuivre votre discours, puis-je vous demander le nombre d'emplois qui seraient supprimés dans ce cas?

Dennis: *(Réagir à une interruption:)* Permettez-moi de terminer d'abord ce que je disais ... En effet, de nombreuses fonctions pourraient être externalisées sans entraîner de licenciements. Cette réduction d'effectif peut s'opérer par des départs naturels ou anticipés.

Diane: *(Prière de préciser:)* Et qu'entendez-vous exactement par des ‹départs naturels›?

Dennis: Je parle des personnes qui quittent la société, ceux qui donnent leur démission, ceux qui prennent leur retraite anticipée et ainsi de suite.

Claude: *(Exprimer des doutes:)* À mon avis, cela pourrait poser problème ... Selon vous, quelles seraient les économies à réaliser en suivant votre proposition?

Dennis: *(Ne pas vouloir s'engager:)* Oh, vous savez, c'est très difficile de donner des chiffres exacts à ce stade-ci. Je reviendrai là-dessus lorsque j'aurai en main des données plus fiables.

Claude: *(Gérer le temps:)* Mesdames, Messieurs, il reste peu de temps, *(soumettre une proposition:)* alors, je voudrais suggérer de terminer pour aujourd'hui et de se revoir dans une semaine. *(Résumer:)* Ainsi, vous pourrez réunir vos idées et vous préparer à la prochaine réunion. Est-ce que tout le monde est d'accord? *(Déléguer des tâches:)* Dennis, nous aurons besoin de chiffres concrets en ce qui concerne votre proposition. Êtes-vous d'accord que je vous laisse le soin de vous en occuper? *(Clore la réunion:)* Y a-t-il encore des commentaires? Sinon, je vous propose de clore notre réunion pour aujourd'hui.

5 **un effectif:** Belegschaft. | **le départ naturel:** natürliches Ausscheiden (z. B. aus Altersgründen, aufgrund eines Jobwechsels, etc.).

12. Réussir sa présentation

Faire une présentation devant un public francophone reste un défi pour tout intervenant, même expérimenté. Vous possédez sans doute déjà une bonne expérience des techniques de présentation, vous savez évaluer les besoins et les motivations de votre public. Cependant, les facteurs linguistiques jouent un rôle clé dans la perception de votre présentation et vos techniques de présentation devront s'adapter à un public principalement francophone. Dans ce chapitre vous trouverez les mots et phrases clés qui vous aideront à être performant.

Accueillir les personnes présentes et présenter les visiteurs aux autres

Mesdames et Messieurs, bonjour.

Bonjour à tous. Soyez le bienvenu.

Au nom de … (nom de la société, nom du groupe, etc.), je vous souhaite la bienvenue.

Je vous remercie tous d'être venus.

Je m'appelle … / Mon nom est …

Je suis responsable de … / m'occupe de … / suis en charge de …

Je vous présente … / Permettez-moi de vous présenter …

C'est avec grand plaisir que je vous présente Monsieur Richard, le directeur général de notre succursale à Londres. Il nous parlera de …

Bon à savoir

Bonjour à tous est considéré comme plutôt informel mais la tournure est tout à fait acceptable.

3 **un intervenant / une intervenante:** Teilnehmer(in).

Accueillir vos relations

Je suis vraiment content(e) de vous revoir tous.

C'est un plaisir de vous revoir.

Pour débuter

Commençons par envisager la question … / examiner le problème … / parler de …

Comme vous le savez, j'interviendrai aujourd'hui sur le thème …

On m'a demandé de vous parler de …

Répondre aux questions

Si vous avez des questions à poser au fil de mon exposé, n'hésitez pas à m'interrompre.

Je vous remercie de poser vos questions à la fin de mon discours et je serai ravi(e) d'y répondre.

Nous avons prévu assez de temps à la fin pour répondre aux questions.

À savoir

Il n'y a pas de différence de sens entre un *exposé* et une *présentation*.

Exposer la situation

Dans un premier temps, je fais état de …

Cette présentation examinera …

Au cours de mon exposé, j'aimerais attirer votre attention sur …

Je veux tenter de vous exposer la situation actuelle.

Comme vous savez, il y a lieu d'examiner …

---

7 **intervenir sur (un thème):** sich (zu einem Thema) äußern. | 21 **faire état de qc:** etwas anführen, ansprechen. | 24 **exposer qc:** hier: etwas darlegen, erläutern. | 25 **il y a lieu de faire qc:** es ist angebracht etwas zu tun.

Pour commencer, permettez-moi de parler un peu de … / de formuler quelques remarques au sujet de …

Laissez-moi d'abord dire quelques mots à propos de …

Structurer son discours / sa présentation

Je vais commencer par décrire … / par vous démontrer … / par expliquer … / par vous informer de …

Tout d'abord, je vais énumérer …, avant de vous en parler de façon plus précise.

Ensuite, je poursuivrai avec mon exposé en vous informant de …

Dans l'étape suivante, je présenterai …

Finalement, j'aborderai quelques aspects de …

Conseils

- Pour structurer votre discours ou exposé en français, il y a certaines règles à respecter, entre autres: **l'introduction** doit être générale et pyramidale, c'est-à-dire vous annoncez le sujet de façon générale et puis vous allez du plus général au plus précis. Ensuite, vous organisez vos idées, par exemple, en commençant par les idées secondaires et en finissant par les idées principales, ou vice versa. **La conclusion** enfin reprend le fil de votre argumentation.

- Ci-après quelques mots clés pour structurer votre discours: pour **commencer**, vous pouvez dire: *(tout) d'abord / en premier lieu / dans un premier temps.* Pour **continuer**, dites: *puis / ensuite / en second lieu / dans un second temps / par la suite.* Pour **terminer**, dites: *enfin / en dernier lieu / finalement.* Pour **ajouter quelque chose**, dites: *d'une part … d'autre part / de plus / en outre / aussi / également.* Pour **annoncer une conclusion**, dites: *en conclusion / pour conclure / en définitive / finalement.*

Aborder le premier point

Le premier point que je voudrais soulever concerne …

Mes premières remarques visent à vous expliquer …

J'aimerais commencer par vous expliquer …

Je tiens à entamer mon exposé en précisant …

Premièrement / En premier lieu, … Deuxièmement / En deuxième lieu, …

Pour commencer, je tiens à dire …/ j'aimerais bien dire … / je voudrais dire …

Conseil

Au lieu de dire: *d'abord/ensuite/enfin/finalement* vous pouvez dire: *dans un premier temps / dans un deuxième temps / finalement,* ou bien: *premièrement / en premier lieu / deuxièmement / en deuxième lieu,* etc.

Passer au prochain point

Maintenant, j'aimerais passer à …

J'aimerais maintenant aborder …

J'aimerais maintenant vous expliquer pourquoi …

Les aides visuelles

Je vous ai préparé un bref dossier sous forme de présentation PowerPoint.

Si vous voulez bien jeter un coup d'œil au transparent. Vous pouvez constater que …

Ce transparent vous montre / vous indique …

Comme vous pouvez le constater en étudiant les chiffres sur le transparent …

Pour illustrer cet aspect, j'ai préparé un transparent.

Ce graphique / ce diagramme / ce chiffre / cet ordinogramme

22 **le transparent:** Folie (PowerPoint-Seite). | 28 **le graphique:** Grafik, Schaubild. | **un ordinogramme:** Flussdiagramm.

donne un aperçu de … / montre … / représente …/ illustre …

On voit bien ici que tout le processus a commencé trop tard.
Nous voyons ici …
Nous constatons en effet que …
Les résultats présentés sur le transparent démontrent que …

Différentes sortes de diagrammes

a) On distingue différentes sortes de diagrammes:

le graphique (un axe vertical, un axe horizontal)	un ordinogramme
	le graphique à secteurs (circulaires)
la courbe	le tableau
le chiffre	le pictogramme
le diagramme à barres	un organigramme

b) Quelques phrases utiles dans le contexte

Le graphique donne une vue d'ensemble de la chronologie normale des étapes opérationnelles.
La distance indiquée sur l'axe horizontal …
Le diagramme à barres donne le rendement annuel de …
Ces pictogrammes ont pour but d'attirer l'attention du lecteur sur le texte figurant à côté.
L'ordinogramme suivant décrit les étapes constituant habituellement le processus de négociation.
Vous verrez dans le tableau …
Le graphique à secteurs est subdivisé en trois parties égales.

10 **le graphique à secteurs:** Tortendiagramm. | 12 **la courbe:** Kurve. |
14 **le diagramme à barres:** Balkendiagramm. | **un organigramme:**
Organigramm, Organisationsplan. | 16 **la vue d'ensemble:** Gesamtübersicht, Gesamtbild. | 19 **le rendement annuel:** Jahresertrag.

L'équipement

Voici quelques mots relatifs à l'équipement nécessaire:

le rétroprojecteur	le paperboard (anglais)
le vidéo-projecteur	le stylo pointeur (laser)
la prise électrique	le pointeur
le branchement	le marqueur
le transparent	le projecteur numérique

Souligner l'importance d'un sujet

Le plus important est de savoir quelles seront les mesures à prendre.

Le principal objectif est d'être capable de réagir en temps voulu.

Le plus important, c'est …

L'élément décisif est d'élaborer des procédures …

Il est essentiel de …

Le fait est que …

On ne peut pas nier le fait que … (suivi par le subjonctif).

Il faut garder à l'esprit que poursuivre dans cette voie n'est pas forcément une des meilleures options.

Comme vous pouvez le constater vous-mêmes, nous n'arriverons à rien avec cette attitude.

Revenir sur un sujet

Comme je l'ai dit/signalé au début / en commençant …

Comme je l'ai déjà dit/mentionné préalablement …

---

3 **le rétroprojecteur:** Overheadprojektor. | **le paperboard** (angl.): Flipchart. | 4 **le vidéo-projecteur:** Beamer. | 4 f. **le stylo pointeur (laser) / le pointeur:** (Laser-)Pointer. | 5 **la prise électrique:** Steckdose. | 6 **le branchement:** elektrischer Anschluss. | **le marqueur:** Leuchtstift, Textmarker. | 7 **le projecteur numérique:** Digitalprojektor. | 17 **Il faut garder à l'esprit que …:** Es ist nicht von der Hand zu weisen, dass …

Remettre à plus tard

J'y reviendrai plus tard.

J'en reparlerai plus tard / dans quelques instants / juste après.

Demander la parole et interrompre

Veuillez m'excuser de vous interrompre.

Si je peux me permettre de vous interrompre un instant …

Puis-je (vous) poser une question?

Si je peux me permettre d'ajouter quelque chose…

Conseil

Si votre présentation se déroule dans un cadre plus ou moins informel, il peut facilement vous arriver de devoir faire face à des interruptions au cours de la présentation. Voici quelques phrases pour vous aider.

Indiquer qu'on veut garder la parole

Un moment, s'il vous plaît. Je n'ai pas encore terminé.

Laissez-moi terminer, s'il vous plaît.

Si je pouvais simplement finir …

Si vous me permettez de finir …

Résumer

Pour résumer …

Je résume donc les principaux points.

Voici, en résumé, les principaux points soulevés …

Nous avons étudié/examiné …

Nous nous sommes donc penchés sur …

Nous pouvons donc partir du principe que …

On peut donc résumer comme suit les points les plus importants: …

Terminer la présentation

Et c'est ainsi que je voudrais en terminer sur ce sujet.

De ce fait, et ce sera ma dernière observation, je veux remarquer …

Pour conclure/terminer, je tiens à dire que …

Je pense que par ceci tous les principaux points ont été abordés.

Merci à vous tous d'être venus participer.

Je vous remercie de votre attention.

Je tiens à vous remercier tous de votre attention.

Y a-t-il des questions? / Avez-vous des questions?

Répondre aux questions

a) Pour comprendre la question:

(Vous reformulez la question posée:) Si je comprends bien votre question, vous voulez savoir …

(Vous essayez de clarifier la question:) Lorsque vous parlez de …, est-ce que vous voulez dire que …? / Quand vous parlez de …, vous pensez à …, est-ce bien ça?

(Vous demandez de répéter la question:) Excusez-moi, pouvez-vous répéter? / Pourriez-vous répéter votre question, s'il vous plaît?

b) Pour donner votre opinion:

Moi, je pense que … / Nous pensons que … / Je dirais que …

Enfin, selon moi … / à ce que je vois …/ de mon point de vue …

c) Montrer son accord avec l'auteur de la question:

Oui, j'en conviens.

Je suis (entièrement) d'accord avec vous (sur ces deux aspects).

C'est un (très) bon argument.

Je pense que c'est là un point intéressant.

Bonne remarque!

C'est bien dit!

Voilà un bon argument.

Vous soulevez un des points les plus intéressants, Monsieur Déchaines.

Ceci concorde parfaitement avec ce que j'ai dit au sujet de …

d) Faire objection

Je vois (très bien) ce que vous voulez dire, mais …

Oui, mais …

Tout cela est bien beau, mais …

Je vous comprends très bien, mais on ne peut pas en tirer cette conclusion.

Pour autant, je crois que …

Quoi qu'il en soit …

D'autre part …

Par ailleurs …

Je continue à penser que ça ne fonctionnera pas.

Je doute sérieusement que ça fonctionne.

Non, je ne crois pas.

Je ne pense pas.

C'est tiré par les cheveux.

e) Rejeter une objection

Désolé(e), mais je ne peux admettre cette objection.

Vos objections n'arrivent pas à me convaincre.

7 **concorder:** übereinstimmen. | 8 **faire objection** (f.): einwenden (*objecter qc à qn:* jdm. etwas entgegenhalten). | 22 **c'est tiré par les cheveux** (loc.): das ist an den Haaren herbeigezogen. | 23 **rejeter qc:** etwas zurückweisen.

f) Répondre à une question dont vous ne connaissez pas la réponse

Désolé(e), mais je n'ai pas la réponse à votre question pour le moment (mais je l'obtiendrai pour vous).
C'est difficile à dire. Je devrais vérifier moi-même avant de pouvoir vous apporter une réponse.

g) Demander des précisions

Pour revenir à ce que vous disiez au sujet de …
Pouvez-vous revenir sur ce point qui porte sur …
Quelle est votre opinion à ce sujet?
Qu'en pensez-vous?
Quel est votre point de vue à ce sujet?
Où en sommes-nous à l'heure actuelle en ce qui concerne …?
Quelle est la situation actuelle?
Pouvez-vous nous en dire davantage?
Pouvez-vous être plus précis?
Pouvez-vous expliquer en détail?
Pourriez-vous nous donner de plus amples explications à ce sujet?

Une brève présentation de la société ASTRA SARL
Bonjour à toutes et à tous. C'est avec plaisir que je vous souhaite la bienvenue aujourd'hui au nom de la société ASTRA SARL. Je m'appelle Johann Müller et je suis le directeur général de la société ASTRA. Permettez-moi pour commencer de parler un peu de notre société. ASTRA opère sur le marché avec une expérience de quelques décennies et des com-

7 **demander des précisions:** nachhaken, hinterfragen.

pétences professionnelles qui la placent à la première place grâce aux nouvelles technologies. Je vais commencer par un bref aperçu de notre gamme de produits et de services, et en décrire la nature et l'utilité. Ensuite, je vais vous donner des informations relatives à l'historique de notre société ainsi qu'à sa clientèle. Et finalement, je vous préciserai la manière dont ASTRA voit ses perspectives d'avenir. Permettez-moi d'ajouter que je serai volontiers disposé à répondre à vos questions à la fin de mon exposé.

Laissez-vous surprendre par la variété de nos produits. Dès sa création en 1976, ASTRA produit et commercialise une gamme complète d'articles d'écriture (stylos à bille, stylos-feutres, portemines, surligneurs, marqueurs, crayons de papier etc.). À part sa gamme d'articles de papeterie, ASTRA est également diversifiée dans les articles de glisse aquatique, entre autres des planches de surf et des planches à voile. Le transparent vous montre notre tout dernier lancement dans ce domaine – notre planche à voile LIFT. Comme vous pouvez le constater, il s'agit d'une planche très large, courte et stable, pouvant supporter des voiles de grande taille. Bénéficiant des avancées techniques du milieu maritime et de l'industrie plastique, cette planche est légère et donc facile à manier. Grâce à ces caractéristiques, la planche est particulièrement stable et donc adaptée aux débutants.

Pour continuer, j'aimerais à présent vous donner un bref aperçu de l'historique de notre entreprise. Comme déjà

12 f. **le stylo-feutre:** Filzstift. | 13 **le portemine:** Drehbleistift. | **le surligneur:** Textmarker. | 13 f. **le crayon de papier:** Bleistift. | 15 **une production diversifiée:** breitgefächerte Produktion (*diversifié, e:* vielfältig, vielseitig). | 15 f. **la glisse aquatique:** Wassergleitsport. | 16 **la planche de surf:** Surfbrett. | 16 f. **la planche à voile:** Windsurfbrett. | 17 f. **le lancement:** Neueinführung (eines Produkts).

mentionné, nous avons débuté en 1976. Nos bureaux se situent à Stuttgart, au Bade-Wurtemberg, dans le sud-ouest de l'Allemagne. Actuellement, ASTRA emploie 4000 personnes. En très peu de temps, notre entreprise est devenue l'un des principaux producteurs d'articles de papeterie en Allemagne. Nous servons notre clientèle dans plus de 90 pays, entre autres aux États-Unis, au Japon, au Brésil et en Australie. Les produits ASTRA sont utilisés partout dans le monde. Ils sont reconnus pour leur haute qualité, leur fiabilité et leur durabilité.

Dès la création d'ASTRA, nous nous sommes engagés dans le développement durable et avons choisi des matériaux et procédés de fabrication ayant le moindre impact environnemental possible. Et nous appliquons également cette stratégie à notre «deuxième pilier» – nos articles de sport de glisse aquatique. Voilà pourquoi nous coopérons actuellement avec plusieurs institutions scientifiques et technologiques ainsi qu'avec des fournisseurs appropriés pour développer des produits et procédés innovateurs et améliorés. Notre objectif principal est d'employer de nouveaux matériaux utilisant par exemple la nanotechnologie, ainsi que l'énergie et les produits chimiques issus de la biomasse forestière.

Pour conclure, je tiens simplement à dire que j'espère que cette courte présentation vous a été utile et qu'elle vous a intéressée. Sur ce, j'aimerais vous remercier d'être venus nous rendre visite.

Si vous avez des questions, je vous invite à les poser maintenant.

---

13 f. **un impact environnemental:** Umwelteinfluss. | 15 **le pilier:** hier: Standbein. | 22 **être issu(e) de qc:** aus etwas entstanden/hervorgangen sein.

Bon à savoir

- **Les différents types de sociétés en France**

  Les sociétés commerciales sont divisées en *sociétés de capitaux* et *sociétés de personnes*. À mi-chemin entre les deux on trouve les *Sociétés à Responsabilité Limitée* (SARL). Pour simplifier, on peut dire que dans une société de capitaux, on s'intéresse surtout au capital apporté par chaque *associé*. Le capital est divisé en *actions*, et les actionnaires sont responsables des dettes éventuelles de la société, dans la limite de ce qu'ils ont apporté à la société (leurs *apports*). Dans la société de personnes par contre, c'est la personne des associés qui est fondamentale. Le capital est divisé en *parts*. Dans la société à responsabilité limitée enfin, le capital est divisé en parts, comme pour les sociétés de personnes, mais les associés et le *gérant* ne sont responsables que dans la limite de leurs apports.

- Ne pas confondre *le nombre d'associés* (ce sont les personnes qui créent la société) et *l'effectif* de la société (ce sont les personnes qui constituent le nombre total des salariés).

- Quelques **abréviations communes**:

  la SNC (la Société en Nom Collectif)

  la SARL (la Société à Responsabilité Limitée)

  la SA (la Société Anonyme)

- La SARL et la SA sont toutes deux des sociétés de capitaux.

3 f. **la société de capitaux:** Kapitalgesellschaft. | 4 **la société de personnes:** Personengesellschaft. | 6 **la SARL:** *la Société à Responsabilité Limitée:* Gesellschaft mit beschränkter Haftung (GmbH). | 8 **un associé / une associée:** Gesellschafter(in). | 11 **un apport (social):** Einlage in eine Gesellschaft. | 13 **la part (sociale):** Geschäftsanteil. | 15 **le gérant / la gérante:** Geschäftsführer(in). | 22 **la SNC:** *la Société en Nom Collectif:* Offene Handelsgesellschaft (OHG). | 24 **la SA:** *la Société Anonyme:* Aktiengesellschaft (AG).

Le capital d'une SA est divisé en actions qui sont achetées par des particuliers ou des entreprises. Ces actions sont librement cessibles, c'est-à-dire que vous êtes libre de les revendre sans l'accord des autres actionnaires. La SA est dirigé par un *P.D.G. (le Président-Directeur Général),* choisi le plus souvent par le *Conseil d'Administration.* Chaque année, souvent au mois de juin en France, se tient *l'Assemblée Générale,* pour prendre les décisions importantes et pour décider du montant du *dividende* (la part des bénéfices qui revient à chaque actionnaire). Les décisions prises au cours de l'Assemblée Générale sont, entre autres, l'augmentation du capital (on lance de nouvelles actions sur le marché), une fusion-acquisition ou la distribution des bénéfices. Dans la SARL, le capital est divisé en parts sociales et non pas en actions. On ne peut pas les vendre librement: si un des associés choisit de quitter la SARL, il lui faut l'accord des autres.

2 **le particulier:** Privatperson. | 7 f. **une Assemblée Générale** (AG): Haupt-, Mitglieder-, Gesellschafter-, Vollversammlung. | 13 **la fusion-acquisition:** Firmenfusion oder -übernahme

13. Réussir ses négociations commerciales

On peut facilement comparer les négociations commerciales aux réunions de travail, cependant avec des intérêts divergents des deux partis. La négociation arrive toujours en fin de vente, puisque d'un côté le vendeur doit connaître les objectifs de son client pour voir s'ils concordent avec les siens et pour pouvoir décider si une affaire est possible. De l'autre côté, les besoins, les attentes et les motivations du client doivent être connus afin de proposer une solution qui conviendra au client. Ainsi, le vendeur doit avoir présenté les avantages, bénéfices et spécificités de sa solution avant d'en présenter un prix et de le négocier. Si vous commencez par «le prix est de 1000 euros», sans avoir mentionné la qualité, la durée de vie et surtout les avantages de votre produit, vous ne serez pas écouté.

Qu'il s'agisse d'une réunion de travail ou d'une négociation commerciale, la qualité première requise des participants est de savoir s'exprimer clairement, puisque, en fin de compte, toute négociation n'est rien d'autre qu'une conversation entre celui qui veut vendre une chose, et celui qui veut l'acquérir. Ainsi, pour mener une négociation commerciale, vous aurez d'abord besoin d'un vocabulaire propre à la négociation, mais à part cela, bien sûr aussi d'un vocabulaire de discussion plus général, pour vous permettre, par exemple, de demander l'opinion de votre interlocuteur, de donner votre opinion, d'approuver ou de désapprouver, d'interrompre, de proposer, etc. Beaucoup de locutions et expressions courantes dont vous pouvez vous servir ont été présentées au début de ce chapitre (cf. chapitre 11: *Réunions de travail*).

Ci-après vous en trouverez davantage pour vous aider à réussir vos négociations, à résoudre d'éventuels problèmes et à parvenir à un compromis.

Expressions utiles	Expressions dans leur contexte
Vous pouvez **entamer** des négociations.	Nous allons entamer des négociations la semaine prochaine.
Vous **prenez part** / **participez aux** négociations.	Qui donc participera aux négociations ?
Les négociations peuvent être **ajournées/reportées** à une autre date.	Faute de temps, les négociations ont été ajournées.
Vous pouvez **rompre** les négociations ou bien **mettre fin** aux négociations.	Nous avons eu du mal à avancer. / Nous nous sommes enlisés dans les détails, voilà pourquoi nous avons préféré mettre fin aux négociations.
Vous pouvez **reprendre** les négociations.	Nous comptons bien reprendre nos négociations le plus tôt possible.
Vous pouvez proposer de **faire une pause** lorsque vous restez bloqué(s) dans vos négociations.	Comme nous sommes arrivés dans une impasse, nous avons décidé de faire une pause.

À savoir

- Si vous *entamez* des négociations, vous les commencez ou bien vous les engagez. Lorsque vous *rompez* des négociations, vous les terminez.
- *Arriver dans une impasse* au sens figuratif veut dire que l'on se retrouve dans une situation sans issue favorable. Un autre mot pour impasse est un *cul-de-sac*.

13 **s'enliser dans les détails:** sich in Details verlieren. | 20 **une impasse:** Sackgasse; hier: Stillstand. | 29 **le cul-de-sac:** Sackgasse.

A. Passer par plusieurs phases de négociation

Entamer des négociations

Mesdames et Messieurs, puis-je avoir votre attention, s'il vous plaît? (pour faire cesser les conversations des participants)

Je voudrais commencer par vous souhaiter la bienvenue au sein de notre entreprise.

Bienvenue chez … (nom de la société).

J'espère que vous avez fait bon voyage. Désolé(e) pour ce mauvais temps. / Merci d'avoir amené le beau temps avec vous.

Je propose d'entamer les négociations.

J'ai bon espoir de parvenir à conclure ces négociations de manière satisfaisante pour tous.

Je suis sûr(e) que nous aurons des discussions positives et fructueuses.

> **Conseil**
> Les phrases ci-dessus sont destinées à établir un bon rapport entre les deux partis et à réduire la tension au début des discussions. Il existe, bien sûr, d'autres possibilités de commencer.

Passer à la première phase de négociation

Laissez-nous commencer.

Commençons par énoncer clairement notre position / par nous positionner.

Notre objectif consiste à … / Notre but est de …

Notre priorité principale est de …

---

22 **énoncer:** zum Ausdruck bringen, darlegen.

Conseil

La première chose qu'il convient donc de faire est d'identifier les intérêts de chaque parti face aux problèmes en question. Pour cela, vous pouvez demander à chacun quels sont les motifs qui justifient sa position et essayer de déterminer pourquoi un parti a pris telle position plutôt qu'une autre.

Faire des propositions concrètes

Nous entendons/envisageons acheter / vendre / investir dans …

Nous proposons d'offrir … / de fournir … / de payer …

Ce que nous voulons, c'est …

Conseil

La technique la plus efficace pour présenter ses propositions est d'aborder les points un par un. Commencez donc par traiter les questions les plus faciles, celles sur lesquelles chacun s'accorde facilement. Cela donne une bonne base de compréhension. Puis entamez les points plus délicats.

Chercher à trouver un accord

Qu'en pensez-vous? Ça vous dit?

Ça vous convient?

Seriez-vous d'accord avec cela?

Accepteriez-vous cela?

Est-ce que cela vous semble acceptable?

Seriez-vous disposé(e) à accepter cette offre?

Conseil

La plupart du temps, chaque parti a, avant que les négociations ne soient entamées, une idée bien précise de ce qu'il désire atteindre. Il faut donc chercher à s'accorder sur une solution acceptable pour les deux partis, ceux-ci devant alors faire des compromis.

Identifier les problèmes

J'ai l'impression que … / Il me semble que …

Il me paraît clair que le principal problème, ce sont les délais de livraison.

Le principal problème, à mon avis, est que nous aurions besoin de plus de temps.

Reprise d'un sujet

Monsieur Dupont, vous avez dit il y a quelques instants que …

Selon moi, nous devrions réexaminer cette question plus en détail.

Pourrions-nous étudier ensemble cette possibilité de manière plus approfondie?

J'aimerais bien revenir à ce que vous avez dit au sujet de …

Cela nous ramène à ce que vous avez dit il y a quelques minutes.

Toutefois, vous n'avez pas mentionné …

Demander de répéter ou de préciser

a) Si vous n'avez pas bien entendu:

Je suis désolé(e), je n'ai pas bien entendu la question.

Je n'ai pas bien saisi la question. Pourriez-vous la répéter, s'il vous plaît?

Excusez-moi, cela m'a échappé. Pourriez-vous répéter mot à mot?

---

24 cela m'a échappé (loc): das habe ich überhört, nicht richtig gehört.

b) Si vous n'avez pas bien compris:

Désolé(e), mais je ne vous suis pas au sujet de …
Je ne comprends pas l'argument.
Je n'arrive pas à voir où vous voulez en venir.

c) Pour demander des précisions:

Vous parliez de … Mais qu'entendez-vous exactement par là?
Que voulez-vous dire exactement?
Je ne comprends pas exactement ce que vous avez voulu dire
     par là. Pourriez-vous me donner un exemple?

d) Pour vérifier que vous avez bien compris:

Vous voulez donc dire que …
Cela signifie que vous pensez …
En d'autres termes, vous dites que …
… cela revient à dire que …
Votre message est donc …

Exprimer ses doutes et ses craintes
Je suis toujours quelque peu insatisfait(e) pour ce qui est de …
Néanmoins, je suis encore un peu méfiant(e) par rapport à …
Je vois assez de difficultés à réaliser ce projet / à respecter les
     délais prévus.
Ma crainte, c'est que ça ne soit pas vraiment réalisable / que ça
     soit carrément impossible.

À savoir
* L'adverbe *carrément* est familier pour: absolument, complètement. Les Français ne disent pas: *Cet homme est absolument anormal*, mais plutôt: *Ce type est carrément cinglé.*

Faire des concessions

C'est juste. Je n'avais pas pensé à ça.

Votre objection est justifiée.

Oui, je dois vous donner raison sur ce point.

Refuser une objection

Désolé(e), mais notre décision est prise.

Vous ne pouvez malheureusement plus me faire changer d'avis.

Vos objections n'arrivent pas à me convaincre.

Résoudre les problèmes de communication

Il semble qu'il existe certains malentendus à cet égard.

Je pense simplement qu'il règne encore une certaine confusion à ce sujet.

Peut-être devrais-je simplement m'exprimer plus clairement.

J'aimerais bien apporter une précision à mes déclarations.

Je voudrais bien préciser ma pensée.

Corriger l'autre

Pardon, mais à mon avis vous n'avez pas présenté les faits de façon correcte.

Vous voulez sûrement dire que …

Cela ne correspond pas vraiment aux faits.

Ne pas vouloir s'engager

Vous comprendrez sûrement qu'il est un peu difficile de donner une réponse définitive en ce moment.

Je vais vérifier et vous tenir au courant.

Je vais examiner le problème en détail et puis revenir sur cette question.

Passer la prise de décision à une autorité supérieure

Cela ne relève pas de ma compétence.

Désolé(e), mais je ne suis malheureusement pas autorisé(e) à / habilité(e) à faire cela.

Je regrette, mais je n'ai malheureusement pas l'autorité de décider dans un cas pareil.

Permettez-moi de vérifier et de vous donner une réponse dans les plus brefs délais.

Je pourrai vous soumettre une réponse après avoir consulté mes supérieurs.

Pardon, mais là-dessus nous avons malheureusement les mains liées.

À savoir

Si vous n'êtes pas autorisé(e) à prendre une décision finale, par exemple lorsqu'il s'agit de négocier les prix, et que la décision doit être prise par votre supérieur, alors vous *transmettez l'affaire à une autorité supérieure*.

Réagir favorablement à une proposition

J'aimerais bien en apprendre plus sur ce sujet.

Cela (me) semble raisonnable.

À mon avis, c'est une proposition tout à fait décente.

Je pense qu'on pourrait se mettre d'accord là-dessus.

Faire une contre-proposition

Et si nous … (Et si nous acceptions de vous faire la remise demandée?)

Supposons que … (Supposons que nous élargissions de deux semaines le délai de livraison demandé par vous?)

---

2 **Cela ne relève pas de ma compétence:** etwa: Das liegt außerhalb meiner Zuständigkeit. | 21 **décent, e:** hier: annehmbar, akzeptabel.

Nous préférerions … (Nous préférerions réduire le prix que de réduire les délais de livraison.)

À savoir

- Les structures avec **si** sont utilisées pour exprimer une hypothèse. S'il en existe beaucoup, les principales sont les suivantes:

(1) Pour exprimer une **probabilité** ou une **quasi-certitude**, vous avez plusieurs possibilités:

a) *si + présent de l'indicatif + virgule + présent de l'indicatif*: Si vous voulez, on peut en discuter.

b) *si + présent de l'indicatif + virgule + futur simple*: Si vous acceptez le prix, nous parlerons des délais.

c) *si + présent de l'indicatif + virgule + impératif*: Si notre offre vous intéresse, profitez-en sans tarder.

(2) Pour exprimer une **hypothèse qui peut se réaliser**: *si + imparfait + virgule + conditionnel présent*: Si on parvenait à un accord sur les délais, nous vous passerions commande sur le champ.

(3) Pour exprimer une **hypothèse non réalisée dans le passé**:

a) (pour une **conséquence dans le présent**) *si + plus-que-parfait + virgule + conditionnel présent*: Si on était tombé d'accord sur le prix, on travaillerait maintenant ensemble sur ce projet.

b) (pour une **conséquence dans le passé**) *si + plus-que-parfait + virgule + conditionnel passé*: Si vous étiez venus plus tôt, vous auriez pu participer à notre petit-déjeuner d'affaires.

- Pour **émettre une hypothèse dont on est presque sûr**, on peut dire: *Nous supposons / On peut penser que c'est pratiquement sûr. Il y a des chances que la situation s'améliore. Si, par contre, vous **avancez une hypothèse dont***

vous n'êtes pas sûr(e), vous pouvez dire: *Éventuellement. / Pourquoi pas? / On va (bien) voir.*

Négocier

Il n'existe pas de négociation qui se déroule selon le plan prévu. On commence en présentant ses objectifs dans l'ordre assigné. Mais l'interlocuteur en fait autant. Soit les objectifs d'un point de discussion donné coïncident, auquel cas on passe assez rapidement au point suivant; soit ils s'opposent. Que faire quand la réponse de votre interlocuteur n'est pas: *D'accord, je signerai votre bon de commande*, si elle ne va pas en direction d'un accord? Un refus n'est pas obligatoirement définitif. Vous pouvez toujours essayer de chercher un compromis. Si vous êtes cependant confronté à un blocage, c'est-à-dire à un refus prolongé, mieux vaut souvent ajourner les négociations et les reporter à une date ultérieure.

Vous trouverez ci-après quelques questions modèles, de type «ouvertes», considérées comme étant les «bonnes questions à poser», pour inciter votre client à entrer dans une relation d'affaires avec vous:

Comment faut-il faire pour travailler avec vous?
Que puis-je faire pour vous inciter à passer commande?
Que faut-il que je fasse/propose pour vous persuader?
Comment dois-je m'y prendre avec vous?

Conversation
(Conversation entre client [B] et vendeur [A])

A: Que faut-il faire pour vous persuader à nous passer commande?

---

7 **coïncider:** übereinstimmen.

B: C'est assez facile. Proposez-moi des prix compétitifs, des délais de livraison courts et engagez-vous à les respecter.

A: Imaginons donc, que vous commandiez 500 pièces. Nous vous accorderions alors une remise de 10 %.

B: Et quelle serait la remise si nous commandions 1000 pièces?

A: Pour 1000 pièces et plus, je pourrais vous proposer une remise de 15 %.

B: Et en cas de paiement anticipé – seriez-vous à même de nous accorder une remise de 20 %?

A: Désolé, mais là, j'ai malheureusement les mains liées. Ça ne relève pas de ma compétence. Mais si vous le désirez, je suis disposé à consulter mes supérieurs et à ensuite revenir vers vous.

Concéder

Nous serions prêts à accepter vos conditions si vous nous passiez commande d'une quantité minimum de 5000 unités.

En ce qui concerne la remise demandée, nous y consentons à titre exceptionnel.

Nous serions disposés à créditer votre compte de 8 %, et ceci pendant la première année, pour toute commande portant sur 1000 pièces et plus.

Nous serions disposés à baisser notre prix si vous augmentiez votre commande.

Accepter une offre

Cela me semble tout à fait acceptable.

Votre offre me paraît acceptable/raisonnable.

Je pense que nous pouvons l'accepter.

Nous sommes d'accord.

Refuser catégoriquement une offre

Désolé(e), mais nous ne pouvons accepter votre offre.

Je regrette, mais c'est tout simplement inacceptable.

Excusez-moi, mais votre proposition est absolument indiscutable.

À savoir

Mieux vaut essayer d'adoucir votre rejet ou refus en l'introduisant par: *Je regrette / Désolé(e) / Excusez-moi ...*

Résumer

Avant de continuer, laissez-moi résumer ce sur quoi nous nous sommes mis d'accord jusqu'ici.

Je propose de résumer les points dont nous avons convenu jusqu'ici.

Revoyons brièvement les points sur lesquels nous nous sommes mis d'accord.

Parvenir à un accord

Il me semble que nous sommes tous d'accord, du moins sur les principaux points, n'est-ce pas?

Nous sommes apparemment tous d'accord sur tout.

Est-ce que tout le monde est d'accord et satisfait?

Tout le monde s'accorde à accepter les différents points tels que nous en avons discutés?

À savoir

Au lieu de dire: *se mettre d'accord* on dit aussi: *tomber d'accord sur* quelque chose.

Conclure les négociations

Je tiens à remercier tous ceux qui ont contribué à finaliser ces négociations avec succès.

J'aimerais remercier tous ceux qui ont participé aux négociations et ont fait preuve d'engagement.

Merci à toutes et à tous pour votre engagement / pour tous les
efforts que vous avez déployés. Je peux dire que nous avons
bien accompli les choses aujourd'hui.

Je pense que nous avons parlé de tous les aspects possibles.
Laissez-moi donc conclure en vous remerciant tous d'être
venus aujourd'hui.

Ajourner les négociations

Il serait peut-être plus judicieux de reporter les négociations à
une date ultérieure.

Pourquoi ne pas ajourner nos négociations aujourd'hui et nous
revoir dans une semaine?

Et si on se revoyait dans une semaine?

Rompre les négociations

Je pense que nous n'arriverons pas à trouver une solution satisfaisante pour tous en continuant aujourd'hui.

Pourquoi ne pas en rester là pour aujourd'hui et nous revoir à
une date ultérieure, qu'est-ce que vous en pensez?

Interrompre les négociations pour faire une pause

Que pensez-vous si nous interrompions notre réunion pour
faire une petite pause? Est-ce que tout le monde serait d'accord?

Je pense que nous avons tous besoin d'une petite pause maintenant.

Je propose donc que nous fassions une pause de 10 minutes et
que nous reprenions nos négociations ensuite. Seriez-vous
d'accord?

4 **déployer qc**: hier: etwas an den Tag legen, aufbringen. | 10 **judicieux,
-euse**: klug, vernünftig.

Conseil

Il est préférable de ne pas dépasser deux heures de débat sans pause … sauf si vous voulez faire craquer physiquement vos adversaires. Une pause est utile à maints égards. Elle permet à chacun de souffler, de redevenir plus objectif. De plus, une pause facilite les rencontres dans le couloir. Enfin, elle peut permettre de vérifier si les arguments de l'adversaire sont fondés ou non.

B. Mener des négociations avec succès – Vendre une maison

Conversation

L'agent immobilier: Bonjour Messieurs-dames. Je vois que vous vous intéressez à un des bungalows que nous proposons à la vente. Si vous êtes d'accord, je peux brièvement vous présenter les avantages de ce type d'habitation très recherché. Comme vous pouvez le constater vous-mêmes, sa situation dégagée en hauteur, les proportions des salles et du bâtiment, peuvent en faire une parfaite résidence en toutes saisons. La lumière pénètre de plusieurs côtés dans les pièces; le tout est sublimé par la couleur dorée de la pierre omniprésente à l'extérieur …, c'est magnifique!

L'acheteur potentiel: Vous avez raison – c'est vraiment remarquable. Mais je crains que le prix ne le soit aussi. À mon avis, il est trop élevé.

6 **dans le couloir:** auf dem Flur. | 12 **un agent immobilier:** Immobilienmakler(in).

L'agent:	Oh, vous savez, les propriétaires m'ont signalé qu'ils seraient disposés à faire un effort dans ce sens. Mais pour en être absolument sûr, je vais le leur redemander. Si vous êtes d'accord, je vous propose un nouveau rendez-vous pour mercredi prochain. Six heures du soir, ça vous conviendrait?
L'acheteur:	Oui, cela nous convient. Alors, à mercredi prochain.

(Quelques jours plus tard)

L'agent:	Bonjour Messieurs-dames. C'est un plaisir de vous revoir. J'ai de bonnes nouvelles. J'ai parlé à Monsieur et Madame Caron, les propriétaires du bungalow. Ils seraient prêts à baisser le prix de vente de 5000 euros, cependant seulement à condition que vous vous décidiez de conclure la vente dans les deux prochaines semaines, ce qui est – je le concède – extrêmement court. Est-ce que cela vous semblerait faisable d'une façon ou d'une autre?
L'acheteur:	C'est difficile. Ça nous laisse extrêmement peu de temps pour remplir les formalités. D'ailleurs, l'expertise du bungalow est-elle déjà disponible?
L'agent:	Non, désolé. Mais elle est en train d'être établie. Je suis sûr de l'avoir dans quelques jours. Si vous voulez, je vous donne un coup de fil dès que je l'ai et on se revoit pour poursuivre les négociations.

18 **concéder** qc: etwas einräumen, zugeben. | 23 **une expertise:** Gutachten (hier: eines Gebäudes, erstellt von einem Sachverständigen).

L'acheteur *(à sa femme)*: Chérie, qu'en penses-tu? Je sais que tu aimerais tellement devenir propriétaire de ce beau petit bungalow. Si tu veux, on attend l'expertise. Et peut-être trouvera-t-on une solution pour réaliser ton rêve …

(Quelques jours plus tard)

L'agent: Bonjour, Messieurs-dames. Comme vous pouvez le voir dans l'expertise, quelques menues réparations d'entretien seraient à faire. Compte tenu de cette information, les Caron seraient prêts à réduire le prix de vente de 8000 euros, ce qui comprendrait les frais de réparation. Seriez-vous favorables à la vente rapide demandée sous ces conditions? Vous seriez libre d'emménager dans le bungalow à n'importe quel moment. Seriez-vous d'accord avec cette nouvelle proposition?

L'acheteur: Franchement, cela pourrait nous tenter. Toutefois, nous sommes toujours un peu hésitants quant au prix de vente…

L'agent: Et si les Caron ajoutaient tous les tapis qui se trouvent actuellement dans le bungalow? Cela vous aiderait-il dans votre prise de décision?

L'acheteur: Cela me semble être une bonne idée. … Alors, c'est décidé. Nous allons acheter le bungalow aux conditions indiquées. Il faut voir le côté pratique: nous ferons ainsi des économies quant aux frais de réparation et, en plus, nous ne serons pas obligés de dépenser de l'argent pour de nouveaux tapis.

---

8 **menu, e:** geringfügig. | 15 **emménager:** einziehen.

L'agent: Formidable! Je vais coucher tous les détails sur papier et vous les adresser. Après avoir reçu votre confirmation, nous pourrons finaliser la vente.

1 f. **coucher les détails sur papier** (fam.): die Details schriftlich festhalten.

14. Faire visiter son entreprise

Il peut vous arriver d'être amené à faire une visite guidée de votre entreprise à de potentiels clients. En effet, une visite guidée permet à l'entreprise de communiquer autrement que d'habitude, de jouer la carte de la transparence et de la traçabilité, de se différencier de la concurrence, de motiver son personnel, voire de fidéliser sa clientèle. Cela peut aller d'un simple tour pour les visiteurs déjà familiarisés avec votre entreprise à une visite plus approfondie pour de nouveaux intéressés, ou même pour le grand public. Souvent, après l'accueil des visiteurs, il y a une présentation (généralement assistée par vidéo, PowerPoint, etc.), suivie du tour de l'usine. En plus de fournir des précisions et explications sur l'historique de l'entreprise, sa gamme de produits, sa clientèle, ses concurrents, ses projets, etc., vous devrez également faire le tour des ateliers de fabrication.

Ci-après quelques phrases et expressions pour vous aider dans de telles situations.

Phrases utiles

Accueillir des visiteurs
Mesdames et Messieurs, bonjour et bienvenus dans notre société.

Bonjour, Mesdames et Messieurs, je suis heureux(-euse) de vous accueillir dans notre entreprise.

Au nom de … je vous souhaite à tous la bienvenue et vous invite maintenant à visiter nos ateliers.

2 **être amené(e) à faire qc:** etwas tun müssen. | 5 **jouer la carte de la transparence:** Transparenz, Offenheit zeigen. | 5 f. **la traçabilité:** Rückverfolgbarkeit, Nachvollziehbarkeit. | 7 **fidéliser sa clientèle:** sich Stammkunden schaffen. | 15 **un atelier:** hier: Fabrik-, Werkhalle.

Je m'appelle … / Je suis … et j'ai le plaisir de vous faire visiter les lieux / de vous présenter notre entreprise.

> **Conseil**
> S'il n'y a qu'une personne pour visiter l'entreprise, servez-vous des phrases proposées au chapitre 3: *Accueillir et prendre congé.*

Détailler les étapes de la visite

Tout d'abord, j'aimerais vous présenter le programme prévu pour aujourd'hui. / Je vais commencer par vous parler un peu de …

Ensuite, nous allons passer à …

La visite va ensuite se poursuivre à l'atelier.

Puis, vous allez voir/entendre …

Et, finalement, nous allons voir …

Permettez-moi de commencer par vous donner quelques précisions concernant l'historique de notre entreprise.

Questions

N'hésitez pas à poser vos questions au fur et à mesure.

Est-ce qu'il y a des questions pour le moment?

Y a-t-il des questions?

Est-ce que quelqu'un veut poser une question?

L'historique de l'entreprise (cf. aussi chapitre 5: *Parler d'économie et de son entreprise*)

Depuis sa création en 1980, notre société a toujours privilégié une approche pragmatique et sur mesure pour aider ses

---

18 **au fur et à mesure:** nach und nach. | 25 **sur mesure** (f.): nach Maß, abgestimmt.

clients. Ainsi, nous comptons aujourd'hui parmi les principaux producteurs de … en Allemagne.

Notre entreprise fait partie d'un groupe commercial opérant dans le secteur ‹produits pharmaceutiques›.

Nous sommes une filiale de …

Nous sommes basés à Genève, mais nous agissons mondialement.

La société emploie plus de 2000 personnes.

En 2012, nous avons réalisé 70 % de notre chiffre d'affaires en Allemagne et 30 % en France.

Les produits et les marchés

(Veuillez vous référer aussi au chapitre 5: *Parler d'économie et de son entreprise*.)

Nos produits phare sont …

Les principales prestations que nous fournissons sont …

Nous produisons et commercialisons nos produits dans trois segments de marché …

Nous sommes un acteur majeur dans le domaine de dispositifs de stockage d'informations.

Nous comptons la majorité de nos clients sur le marché national.

Nous occupons maintenant le troisième rang parmi les producteurs de … en Allemagne, avec une part de marché supérieure à 30 %.

En Allemagne, nous sommes présents dans tous les circuits de distribution.

Nos produits sont principalement fabriqués en Allemagne.

Nous exportons nos produits dans plusieurs pays du monde. Nos marchés clés sont l'Europe et l'Afrique du Nord.

---

15 **la prestation (de service):** Dienstleistung. | 19 **le stockage d'informations:** Datenspeicherung.

En Asie, nous sommes très bien positionnés dans certains pays comme le Japon.

Les projets en cours

Aujourd'hui, nous collaborons avec des partenaires aux États-Unis dans plusieurs joint-ventures.

Actuellement, nous nous préparons à une certaine restructuration de l'entreprise, nécessaire pour développer de nouveaux produits.

Nous envisageons d'accroître nos activités dans le domaine du divertissement,

Nous développons en ce moment un nouveau médicament qui doit servir à traiter les affections cardiaques.

Les différentes étapes de la visite d'une entreprise

Démarrer

Visitons d'abord ...

Commençons donc par visiter ...

D'abord, nous allons visiter ... / voir ...

Décrire les locaux d'entreprise

Tout d'abord, on entre dans l'atelier de fabrication. Ici on fabrique ...

À droite, vous voyez l'atelier de coupe. Ici, on coupe la toile.

Voilà l'atelier de couture. Ici, on coud les tentes de camping.

Et voici l'atelier de peinture. Là, on peint les tubes pour les meubles de camping.

Et maintenant, nous arrivons à l'atelier de montage. Ici, on monte les meubles.

---

10 **le divertissement**: Unterhaltung. | 12 **une affection cardiaque**: Herzkrankheit.

Suivez-moi, s'il vous plaît. On va sortir de l'atelier.
Passons maintenant à l'entrepôt. Ici, on stocke les produits.

Le règlement intérieur de l'entreprise

Désolé(e), mais les téléphones mobiles ne sont pas autorisés
dans nos locaux.
Excusez-moi, mais tous nos ateliers sont des espaces non-
fumeurs.
Nous serons obligés de porter un casque.
Il y a port du casque obligatoire sur tout le terrain de l'entreprise.

La dernière étape de la visite

Pour terminer notre tour, nous allons voir …
Ce sera la dernière étape de notre tour de l'entreprise.

Souligner des faits intéressants

Comme vous pouvez le constater …
Il est aussi intéressant de constater que …
Un fait très intéressant est que …
Cela présente un intérêt particulier.
Ceci est particulièrement intéressant parce que …
Ceci est particulièrement efficace / difficile / coûteux en
temps et en argent.
Remarquez en particulier que …
Veuillez constater que …
Et notez aussi que …

Terminer la visite

Eh bien, je pense que je nous avons tout vu.
Je pense que c'est tout ce que je peux vous montrer et ce dont je
voulais vous parler.

---

2 **stocker:** (ein)lagern. | 9 **le port du casque obligatoire:** Helmpflicht.

Voilà qui termine notre tour.
Je pense vous avoir montré tout ce qui pourrait être intéressant
   pour vous.
J'espère que notre petit tour vous a intéressé.
J'espère que vous avez trouvé intéressant ce que vous avez vu
   et entendu.
J'espère que le tour vous a plu.
J'espère que vous avez apprécié la visite.

Une visite guidé de l'entreprise MARQUAIS

Mesdames et Messieurs, bonjour. Je suis heureux de vous accueillir aujourd'hui dans notre entreprise. Je m'appelle Alexandre Pontin, et je suis le directeur général de la société MARQUAIS. J'ai le plaisir de vous faire visiter les lieux et de vous parler un peu de l'histoire remarquable de notre entreprise.

En effet, je voudrais commencer par vous donner un aperçu de notre histoire, avant de vous faire visiter nos ateliers. Lors de la visite, je vous fournirai davantage d'informations sur les diverses étapes de fabrication. J'ai préparé une petite démonstration par vidéo pour accompagner mes paroles. Notre entreprise a été fondée en 1970 par Christian Marquais et a depuis grandi pour devenir l'un des plus grands fabricants français d'équipement de camping. Comme le montre ce diagramme, MARQUAIS réalise presque deux tiers, soient 60 % de son chiffre d'affaires en France et le reste à l'étranger. En France, nous sommes présents dans tous les circuits de distribution: nous vendons une partie de nos produits dans les grandes et les pe-

28 f. **la grande surface:** Supermarkt (*la petite surface:* kleinflächiger Verkaufsmarkt).

tites surfaces, une autre partie dans les magasins de sport et une part considérable en e-commerce, notre circuit de distribution le plus récent. Nos tentes de camping sont exclusivement fabriquées en France, tandis que les autres équipements de camping sont fabriqués à l'étranger, en Algérie, pour être plus précis. Nous exportons nos produits dans plusieurs pays du monde, mais nos marchés clés se trouvent en Europe et en Amérique du Nord. Nous sommes également très présents en Afrique.

Mesdames et Messieurs, merci de votre attention. Nous allons maintenant visiter l'usine. Vous êtes prêts? Alors, allons-y.

Nous entrons maintenant dans l'atelier de fabrication des sacs. Ici, on fabrique toutes sortes de sacs de sport et aussi des sacs à dos. À droite, vous voyez l'atelier de coupe. C'est ici que l'on coupe la toile pour les sacs et les tentes. Voilà, à gauche, l'atelier de couture. C'est ici que les tentes de camping sont cousues. Tout droit, c'est l'atelier de peinture où sont peints les tubes pour certains meubles de camping, comme les chaises, les tables, etc. Notez en particulier que nous n'utilisons que des produits naturels. Nous arrivons finalement dans l'atelier de montage. Ici, on monte les meubles. Comme vous pouvez le constater, l'atelier est très spacieux, ce qui nous permet de travailler avec les appareils de montage les plus modernes qui, hélas, sont parfois assez encombrants. Veuillez me suivre, s'il vous plaît, nous allons sortir de l'atelier. Passons maintenant dans l'entrepôt. Ici, tous nos produits sont stockés.

Mesdames et Messieurs, nous arrivons à la fin de notre

---

2 **l'e-commerce** (m.): E-Commerce, Internethandel. | 26 **encombrant, e:** sperrig, platzraubend.

visite. J'espère que vous l'avez trouvé intéressante et informative. Pour parachever votre visite chez MARQUAIS, nous avons organisé pour vous un déjeuner dans notre cantine. Si vous voulez bien me suivre. Je vous souhaite d'ores et déjà bon appétit et encore quelques heures agréables au sein de notre entreprise.

2 **parachever qc:** etwas vollenden. | 4 f **d'ores et déjà:** bereits jetzt.

15. Au téléphone

Effectuer un appel à l'étranger peut s'avérer assez difficile, surtout si on part du principe qu'au téléphone, vous devez vous débrouiller sans avoir recours aux gestes, aux expressions du visage et aux autres expressions corporelles de votre interlocuteur, qui vous aident normalement à comprendre un message même si vous ne parvenez pas à comprendre tous les mots.

Ce qui complique les choses, ce sont les nombreux dialectes et accents des gens. Un locuteur natif domine généralement la conversation, sans se rendre compte de vos difficultés à vous faire comprendre. De plus, au téléphone, vous êtes souvent obligé(e) de vous dépêcher.

Voilà pourquoi il peut s'avérer utile de connaître les mots et phrases spécifiques à un communication d'affaires. Vous trouverez ci-après une petite sélection d'expressions utiles.

Quelques expressions utiles au téléphone

Vous *appelez quelqu'un*, vous *téléphonez à quelqu'un* ou bien vous *passez un coup de fil à quelqu'un*. Vous *faites* ou *composez un numéro*. Pour répondre au téléphone, vous *décrochez*. À la fin de l'appel, vous *raccrochez*. En entreprise, c'est souvent *le standard* qui répond. Vous parlez donc avec *le/la standardiste*. Si vous avez besoin d'un numéro de téléphone, vous consultez *l'annuaire* ou appelez *les renseignements téléphoniques*.

Prendre contact par téléphone
Bonjour, Madame/Monsieur.
C'est … / Monsieur/Madame (+ votre nom).

---

10 **un locuteur natif / une locutrice native:** Muttersprachler(in). |
22 **le standard:** Empfang.

Hans Müller de la Société Depardieu et Fils à l'appareil.

Hans Müller, responsable du service comptabilité de la Société Char et Fils.

Je me permets de vous appeler car …

5 Je vous appelle au sujet de / à cause de …

Allô, je voudrais parler à …

Conseils
- En français, il y a maintes possibilités de se présenter au téléphone, dont les plus courantes figurent ci-dessus.
- Assurez-vous que vous prononcez bien votre nom et soyez prêt(e) à l'épeler, le cas échéant (cf. aussi p. 196 et le chapitre 17: *Savoir épeler correctement*).

Répondre après avoir décroché

Société …, bonjour.

5 Que puis-je faire pour vous?

En quoi puis-je vous aider?

Service des ressources humaines … / Service de vente … / Service de comptabilité, bonjour.

Isabelle Leblanc (à l'appareil).

Demander à être mis en communication avec une personne

Je voudrais parler à Monsieur/Madame …

Pourriez-vous me passer Monsieur Leconte du service après-vente, s'il vous plaît?

Pourriez-vous me passer le service des ventes, s'il vous plaît?

5 Je voudrais parler à la personne qui s'occupe de …

Je voudrais parler au responsable du service comptabilité, s'il vous plaît.

Puis-je parler à Madame …?

Pour identifier le/la correspondant(e)

C'est de la part de qui?
Puis-je vous demander votre nom, s'il vous plaît?
Qui est à l'appareil?

Demander le motif de l'appel

C'est à quel sujet?
Pourriez-vous me donner le motif de votre appel?
De quoi s'agit-il?

Donner le motif de son appel

Je vous appelle/téléphone au sujet de …
J'appelle pour vous demander de vérifier si … / de me confirmer que …
Je vous appelle pour demander si …
Le motif de mon appel est le suivant: …
Je vous appelle en réponse à votre fax de ce matin.
C'était pour rappeler Monsieur Dupont.

Transmettre l'appel

Ne quittez pas.
Un instant, s'il vous plaît. Je vous le/la passe.
Un instant, s'il vous plaît. Je vais me renseigner pour savoir qui est la personne compétente.
Restez-en ligne, s'il vous plaît.
Ne quittez pas. Je vous mets en relation.

---

17 **transmettre:** (Anruf) weiterleiten, weiterverbinden.

Le/La correspondant(e) n'est pas disponible

Demande	Réponse
Je suis désolé(e), Monsieur Gras est en ligne en ce moment. / La ligne est occupée. / Voulez-vous patienter? / Voulez-vous rester en ligne, s'il vous plaît? / Je vous le passe dès qu'il aura raccroché.	D'accord. Merci. / Non, je suis pressé(e). Je rappellerai.
Puis-je vous mettre en communication avec quelqu'un d'autre?	Oui, pourrais-je alors parler à …/ Non, merci. Je rappellerai plus tard.
Monsieur Gras est absent jusqu'à … / Il est en réunion / en voyage d'affaires / en déplacement. / Il sera de retour … / Désolé(e), Monsieur Gras n'est pas à son poste. / Il n'est pas dans son bureau. / Pourriez-vous peut-être rappeler plus tard?	Oui, d'accord. Quand sera-t-il de retour?
Vous pouvez le/la rappeler vers 17 heures.	Non, c'est urgent. Y a-t-il quelqu'un d'autre qui pourrait m'aider / me renseigner?
Je vous passe le service après-vente. Merci de patienter un peu.	
Si vous me laissez vos coordonnées, il vous rappellera à son retour.	C'est Alain Sol de la société Ajax. Mon numéro de téléphone: 04 88 52 26 99. /

	Pouvez-vous demander à Monsieur Gras de me rappeler au 04 88 52 26 99, s'il vous plaît?
Voulez-vous lui laisser un message?	Oui, dites-lui qu'Alain Sol de la société Ajax a appelé. J'ai besoin de sa réponse à notre demande du 18 février. Demandez-lui de me rappeler aujourd'hui, si possible. / Non, merci, Madame. Je rappellerai plus tard.
Si vous voulez, je vous donne son numéro de poste direct. Faites le …, c'est direct.	C'est noté. Merci beaucoup.

Donner des motifs d'absence

Monsieur Gras n'est pas à son poste. Je vais le chercher. / J'essaie de le joindre. / Il est absent. Vous pourrez le joindre vers … heures.

Je suis désolé(e), Madame Dupont est en réunion / n'est pas là jusqu'au …/ est en vacances / est en voyage d'affaires / est en déplacement.

Prendre un message

Est-ce que je peux lui transmettre un message?
Voulez-vous lui laisser un message?

Laisser un message pour quelqu'un

Pourriez-vous lui transmettre un message, s'il vous plaît?
J'aimerais bien laisser un message.

14 **le numéro de poste direct:** Durchwahl(nummer).

Je vous serais reconnaissant(e) d'informer Monsieur Gras que j'ai appelé.

Dites-lui, s'il vous plaît, de me rappeler.

Il faut absolument qu'il me rappelle dans le courant de la journée.

Promettre de donner suite à une demande

C'est noté.

Je lui dirai.

Je vais m'en occuper.

Je vais l'informer de votre appel.

Je vais vérifier et vous tenir au courant.

À savoir

Le **futur proche** (ou bien le futur composé) s'utilise surtout à l'oral, pour exprimer que quelque chose va se réaliser dans un court délai. On l'utilise pour signaler sa bonne volonté de faire quelque chose.

Problèmes de communication

Je vous entends/comprends très mal.

Excusez-moi, Madame. Je n'ai pas très bien retenu votre nom.

Vous pourriez répéter, s'il vous plaît?

Vous pourriez parler un peu plus lentement / plus fort, s'il vous plaît?

Je n'ai pas bien compris. Pourriez-vous épeler votre nom, s'il vous plaît?

Je crois que vous faites erreur. Vous avez composé le numéro de la Société …

Vous vous êtes trompé(e) de numéro.

Je regrette, je pense que nous avons été coupés.

Le transfert des informations

(1) Épeler

Pourriez-vous m'épeler votre nom, s'il vous plaît?

Bon à savoir

- Pour faire référence aux lettres de l'alphabet, plusieurs méthodes sont utilisées. On emploie soit l'alphabet international ou des prénoms usuels (référez-vous à l'annexe où figurent deux exemples d'alphabet téléphonique, p. 223/224). On peut aussi se servir de mots courts, simples et connus. On dit: *C'est ‹V›* **comme** *Victor, ‹I›* **comme** *Ida*, etc.

- En ce qui concerne les noms propres, une connaissance des noms usuels dans le pays est un grand avantage. Votre client français, belge ou francophone s'attend en général à ce que vous connaissiez l'orthographe d'un certain nombre de noms propres (prénoms, localités ou grandes entreprises). Lui demander d'épeler *Jean-Luc* ou *Renault* serait assez maladroit. Il est bon, d'autre part, de se souvenir que des noms très courants peuvent avoir plusieurs orthographes (p. ex. Dupont/Dupond). Dans ce cas, plutôt que de demander à votre interlocuteur d'épeler, vous pouvez: a) épeler vous-même le nom pour confirmation (*Dupont, cela s'écrit bien D–U–P–O–N–T?*), b) demander de préciser l'orthographe en fonction des variations connues (*avec un T ou un D?*), c) faire une comparaison (*Madame Ponseau, ça s'écrit P–O–N et seau comme un seau?*).

---

18 **maladroit, e:** ungeschickt.

(2) Les adresses et les numéros de téléphone

Connaître les codes postaux et indicatifs téléphoniques du ou des pays avec lesquels vous êtes en communication vous fera gagner du temps et éviter des erreurs.

Voici quelques principes de base à connaître, le reste vient avec la pratique:

- **Les adresses et les codes postaux**

  Les codes postaux sont formés à partir des numéros de départements (la première dizaine), suivis de trois chiffres correspondant à la commune, l'arrondissement (à Paris, Marseille, Lille, etc.) ou au quartier. Il s'agit donc toujours d'un numéro de 5 chiffres, tels que 75019 (une adresse dans le 19ᵉ arrondissement à Paris, département Seine). – Notez bien qu'il y a deux façons de dire les codes postaux: pour 56760, vous pouvez dire: *cinquante-six, sept cent soixante* ou bien: *cinquante-six mille sept cent soixante*. – À l'écrit, comme à l'oral, le code postal est donné *avant* la ville. Vous devriez connaître les abréviations suivantes figurant dans certaines adresses: r. = rue; pl. = place; bd. = boulevard; imp. = impasse; ch. = chemin; rte = route; av. = avenue.

- **Les numéros de téléphone**

  Les numéros de téléphone en France ont toujours 10 chiffres. À l'intérieur de la France métropolitaine (donc à l'exclusion des départements et territoires d'outre-mer, les DOM et les TOM), ces numéros commencent par les indicatifs 01, 02, 03, 04, 05, qui correspondent aux 5 zones géographiques. Dans la pratique, on donne les numéros de téléphone deux par deux ou par dizaine, plutôt que d'énoncer chaque chiffre séparément. Exception: Lorsque le numéro comprend un zéro (ou plus), vous dites, par exemple pour le numéro 04 31 12 62 27: *zéro quatre, trente et un, douze, soixante-deux, vingt-sept*. Autres indicatifs:

06 pour les numéros de portables; 08 pour les numéros
‹verts› ou les numéros gratuits.

(3) Préparer votre interlocuteur à prendre des notes

Question	**Réponse**
Vous êtes prêt(e)?	Oui, allez-y!
Je peux commencer?	Non, attendez une seconde, s'il vous plaît.

(4) Vérifier

Puis-je, par mesure de précaution, vous lire à voix haute ce que j'ai noté?
Pourriez-vous juste vous relire à voix haute?

Terminer l'appel

Bon, je crois que c'est tout pour l'instant.
Je pense que c'est tout.
Bien, y a-t-il autre chose (que vous voudriez dire)?
Y a-t-il autre chose que vous voudriez savoir?
Merci de votre aide.
Merci d'avoir appelé.
Au revoir et à bientôt.
Merci et à très bientôt.
Merci beaucoup, c'était très agréable de parler avec vous.

Un bon accueil au téléphone

- Votre client se fait son idée du service dans lequel vous travaillez, dès les premières secondes de contact. Il n'y a pas de repères visuels, voilà pourquoi il est indispensable de donner une image positive de la société en étant cour-

---

11 **se relire:** noch einmal lesen, was man geschrieben hat. | 25 **le repère:** Anhalts-, Bezugspunkt.

tois et en affichant une bonne connaissance de son milieu de travail.

- Dans le cas d'un **appel direct**, identifiez-vous toujours par votre nom (*Société X, bonjour. Isabelle Dutroux à l'appareil. Comment puis-je vous aider?*). Dans le cas d'**un appel dans votre service**, précisez le nom du service. Essayez d'afficher une attitude amicale, enthousiaste et professionnelle: vous êtes la voix de votre société à ce moment-là. Veillez à ce que la formule d'accueil soit énoncée clairement et répondez dans la langue choisie par le client.

- Pour **établir un lien de confiance** avec votre correspondant téléphonique et rendre plus personnel l'appel, prononcez son nom au moins une fois durant l'appel. On suggère d'utiliser le nom au début de l'appel. Si son nom est difficile, essayez de le prononcer correctement et, le cas échéant, demandez au correspondant de préciser la prononciation lorsque vous ne vous sentez pas sûr de vous. Établissez un lien positif par une écoute active, chose essentielle pour toute conversation téléphonique, en glissant dans la conversation des locutions comme *oui, c'est bien / je vois / je comprends / d'accord / c'est entendu*, etc. De plus, évitez de finir la conversation trop hâtivement. Au besoin, reformulez le besoin exprimé pour bien vous assurer que vous donnez une réponse appropriée (p. ex.: *Si je comprends bien, vous désirez savoir …*). Montrez au correspondant que vous comprenez la situation / le problème. Au besoin, clarifiez/reformulez/résumez la conversation ou certains détails importants et essayez de répondre adéquatement aux questions posées. Utilisez les questions appropriées: des questions ouvertes pour obtenir des informations complémentaires et des questions fermées pour diriger la conversation ou avoir le contrôle sur l'appel. **Prenez note** (et confirmez au correspondant que vous avez pris note!) de toute insatisfaction exprimée par votre correspondant et avisez l'agent principal ou l'agente principale ou bien assurez votre correspondant de porter ses problèmes à l'attention de la personne responsable. Si vous devez **mettre le correspondant en attente**, informez-le de la raison de la mise en attente (p. ex: *Puis je vous mettre en attente afin de* ... [expliquez brièvement]). Si vous devez **transmettre l'appel** (c'est-à-dire vous transférez l'appel à un autre service ou une autre personne), expliquez la raison du transfert et indiquez le nom et le numéro de téléphone du service ou de la personne vers qui vous le redirigez. En français, le *vous* s'utilise pour exprimer le respect. Vouvoyez donc vos interlocuteurs à moins qu'ils ne vous invitent à les tutoyer. Avant de terminer l'appel, **résumez brièvement la conversation** et récapitulez l'information (p. ex. les dates importantes, etc.). Si besoin est, n'oubliez pas d'identifier les actions à prendre et aussi de mentionner les délais habituels (poste, courrier, etc.).

- Pour **conclure l'appel**, vous pouvez demander: *Est-ce qu'il y a autre chose que je puisse faire pour vous, Madame/Monsieur* ... (insérez le nom, si possible) *aujourd'hui?* Il est toujours de mise de remercier votre correspondant à la fin de l'appel (*Merci d'avoir appelé*).

24 **être de mise:** angebracht sein.

Conversation (1)

(Annuler un rendez-vous d'affaires. – Conversation entre le/la standardiste [S] et Mme Delacre [Mme D])

S: Société ACL. Bonjour. Je vous écoute.

Mme D: Allô, je voudrais parler à Monsieur Brun, s'il vous plaît.

S: C'est de la part de qui?

Mme D: C'est Irma Delacre.

S: Et c'est à quel sujet, Madame Delacre?

Mme D: Je téléphone à cause de la réunion de la semaine prochaine.

S: Un instant, s'il vous plaît. Je vous passe Monsieur Brun.

(pause)

Je regrette. Il n'est pas dans son bureau. Voulez-vous lui laisser un message?

Mme D: Oui, je veux bien. Pouvez-vous informer Monsieur Brun que mon patron, Monsieur Hulot, ne pourra malheureusement pas venir au rendez-vous prévu pour le 15 novembre. Il sera en déplacement jusqu'au 16. Il contactera Monsieur Brun au cours de la semaine prochaine pour fixer un autre rendez-vous.

S: Pardon, je n'ai pas bien entendu. Pourriez-vous épeler le nom de votre patron, s'il vous plaît?

Mme D: Oui. C'est H pour Henri – U pour Ursule – L pour Louis – O pour Oscar – T pour Thérèse.

S: C'est noté. Je vais informer Monsieur Brun.

Mme D: Merci beaucoup et au revoir.

S: Je vous en prie. Au revoir, Madame.

Conversation (2)
(Réserver une chambre d'hôtel. – Conversation entre le/la standardiste [S], le/la réceptionniste [R] et M. Hans Berger [M. B.])

S: Hôtel Beauregard à votre service!

M. B.: Allô, Hans Berger de la société LUX GmbH. Pourriez-vous me passer la réception, s'il vous plaît?

S: Oui, bien sûr. Un instant, s'il vous plaît.

R: Hôtel Beauregard. Bonjour. Vous parlez à Monsieur Joli de la réception. Que puis-je faire pour vous?

M. B.: J'aimerais réserver une chambre simple avec un grand lit du 14 au 16 août, s'il vous plaît.

R: Attendez une seconde, je vais vérifier si nous avons une chambre de disponible. – Vous avez de la chance, Monsieur. Il nous reste une seule chambre de libre. C'est à quel nom?

M. B.: Au nom de Hans Berger de la société LUX GmbH.

R: Pourriez-vous épeler les noms, s'il vous plaît, pour qu'il n'y ait pas d'erreur?

M. B.: Bien sûr. C'est Monsieur Berger, B pour Berthe – E pour Eugène – R pour Raoul – G pour Gaston – E pour Eugène – R pour Raoul. Et la société s'appelle LUX, c'est L pour Louis – U pour Ursule et X pour Xavier. Quel est le prix de la chambre avec petit-déjeuner?

R: 185 € la nuit, petit-déjeuner compris, Monsieur. Pourriez-vous quand même m'envoyer vos coordonnées par e-mail? Je vous confirmerai votre réservation par Internet, si vous le souhaitez.

M. B.: Très bien. Je vous envoie tout de suite un e-mail.

R: Merci et au revoir, Monsieur.

M. B.: Au revoir.

Conversation (3)

(Négocier au téléphone. – Conversation entre Madame
Rodolphe [Mme R] et Max Schäfer)

Mme R: Bonjour, Mme Rodolphe de Mouchinton SA à l'appareil.

Max Schäfer: Bonjour, Madame.

Mme R: Avez-vous déjà reçu ma commande?

Max Schäfer: Un instant, je vérifie … La voilà. Vous avez commandé 800 cafetières électriques, modèle D X2, c'est bien ça?

Mme R: Oui, c'est exact, ou plutôt non, ce n'est plus exact. J'aimerais modifier ma commande. Il m'en faudrait 1500.

Max Schäfer: 1500. Attendez, je vais voir si nous les avons encore en stock. Désolé, Madame, il n'en reste que 1080. Mais on peut vous livrer les autres articles dans les trois semaines.

Mme R: Trois semaines … – Ça change tout. Et pour le prix? Vous me dites …?

Max Schäfer: Côté prix, vous bénéficiez de 2 % d'escomptes si vous réglez comptant et nous nous chargerons du transport pour la deuxième tranche. Cela vous convient-il?

Mme R: Et bien, si vous m'envoyez deux ou trois cafetières en échantillon gratuit, je suis d'accord.

Max Schäfer: Mais, Madame, nous avons déjà les frais de transport en supplément … Bon, ce que je peux faire, dans ce cas, c'est de vous donner une cafetière comme échantillon gratuit – ou disons deux. Le modèle se vend très bien, vous savez.

20 **un escompte:** Skonto. | 21 **régler comptant:** bar zahlen.

Mme R:	Bon, envoyez-moi les deux échantillons plus les autres cafetières qui vous restent en stock dans les plus brefs délais, et le reste dans trois semaines.
Max Schäfer:	Entendu, Madame! Je vous confirme tout cela par fax. Et merci de votre appel.
Mme R:	Il n'y a pas de quoi, Monsieur. Au revoir.

Conversation (4)
(Prendre rendez-vous au téléphone. – Conversation entre la secrétaire, Diane Lacroix et Charles Lebrun)

Secrétaire:	Bonjour. Société Char et Fils. Que puis-je faire pour vous?
Diane:	Bonjour, Madame. Diane Lacroix de la société LUX. Je voudrais parler à la secrétaire de Madame Olivier.
Secrétaire:	Véronique Lagresle à l'appareil. Comment allez-vous, Madame Lacroix?
Diane:	Très bien, merci. Et vous, ça va bien?
Secrétaire:	Très bien. En quoi puis-je vous être utile, Madame?
Diane:	C'est pour prendre rendez-vous avec Charles la semaine prochaine.
Secrétaire:	Vous avez de la chance. Il vient de rentrer. Si vous voulez, je vous le passe.
Diane:	Oui, je veux bien, merci.
(pause)	
Charles:	Bonjour, Diane. Je suis content de vous entendre. Que puis-je faire pour vous?
Diane:	Bonjour, Charles. Pourrais-je venir vous voir la semaine prochaine pour discuter des mesures à

	prendre concernant notre nouveau projet? Quel jour vous arrangerait-il le mieux?
Charles:	Je vous en prie, choisissez vous-même. Vous avez certainement des choses à faire et de nombreux endroits à visiter.
Diane:	C'est bien vrai. Alors, jeudi prochain dans le courant de l'après-midi, ça vous irait?
Charles:	Attendez un instant, je vais consulter mon agenda pour voir si je suis ou serai là. – Alors, jeudi prochain … Non, désolé, je serai en réunion tout l'après-midi. Mais vendredi je serai libre toute la journée. Je vous propose de passer après le déjeuner, vers 14 heures. Comme ça nous bavarderons autour d'une tasse de café. Cela vous dit?
Diane:	J'ai rendez-vous avec un client important à 13 heures et il me faudra une heure de route. Disons plutôt 15 heures alors. Cela vous va?
Charles:	Entendu! On se voit donc vendredi prochain à 15 heures. Au plaisir de vous revoir!
Diane:	Au revoir et à vendredi.

16. Correspondance commerciale

Il ne faut pas oublier que chaque courrier véhicule une certaine image de l'entreprise. Voilà pourquoi il paraît opportun d'optimiser sa communication écrite avec ses partenaires français. La communication peut être très formelle (si on s'adresse à une société ou à une personne inconnue) ou moins formelle (lorsqu'on communique avec une personne bien connue, voire un ami). En effet, cet aspect a plus d'importance que le support de communication (lettre, fax ou e-mail). D'une façon générale, on peut dire que la correspondance commerciale est devenue moins formelle que dans le passé. Cette réalité est bien prise en compte dans les phrases et locutions des paragraphes suivants. Il est donc recommandable de suivre ces exemples, issus de la pratique courante.

A. La lettre commerciale

La lettre commerciale a toujours un but précis. Elle se distingue d'une lettre personnelle par sa présentation et son style. Elle est tapée sur ordinateur et rédigée dans un style plutôt formel. Le *nous* est généralement utilisé au lieu du *je*, car l'expéditeur écrit au nom de la compagnie pour laquelle il travaille. Généralement, la structure d'une lettre commerciale française répond à des normes précises, établies par l'Association Française de normalisation (AFNOR). Ces règles ne sont pourtant plus aussi strictes qu'elles l'étaient autrefois et elles n'ont souvent plus qu'une valeur de recommandation. Il importe néanmoins de rester assez proche de ces recommandations, ceci afin de ne pas totalement déstabiliser vos lecteurs.

2 f. **véhiculer une image:** ein Image verbreiten. | 27 **déstabiliser qn:** jdn. verunsichern.

Les différentes parties d'une lettre commerciale

L'en-tête

L'en-tête comprend normalement des renseignements bien déterminés sur l'expéditeur: sa raison sociale; sa branche d'activité; la forme juridique de la société; l'adresse exacte du siège social et d'éventuelles filiales ou succursales; le numéro de téléphone; le numéro de compte; le numéro d'inscription au registre du commerce et des sociétés).

Le nom et l'adresse du destinataire

Sur la première ligne, vous indiquez le nom (et le titre) du destinataire, suivi par le numéro et le nom de la rue. Sur la troisième ligne, mettez le code postal et la destination. Par exemple:

Messieurs Dupont & Fils
4, place de la Concorde
F 80041 Amiens Cédex 07

Les références

Par exemple:

Notre (Nos) référence(s) = N/Réf. 1626/AG 16
Votre (Vos) référence(s) = V/Réf. DIR/lm

Le lieu et la date

Le mois est toujours écrit en toutes lettres. Par exemple: *Dijon, le 26 septembre 2012*. On utilise les nombres cardinaux, à l'exception du premier du mois, par exemple: *Paris, le 1er mai 2012*.

2 **un en-tête:** Briefkopf. | 7 f. **le registre du commerce et des sociétés (RCS):** Handelsregister, | 9 **le destinataire:** Empfänger.

L'objet de la lettre

Cette indication est généralement placée à gauche, au-dessus de l'appellation, et au-dessous des références. Elle est précédée du mot *Objet*. Elle permet au destinataire de connaître immédiatement le sujet de la lettre.

L'appellation

Adressez-vous à votre correspondant par: *Monsieur / Madame / Monsieur le Directeur / Messieurs* (lorsque vous vous adressez à une société). L'appellation est toujours suivie d'une virgule.

Conseils

- Faites une différence entre les diverses appellations. En vous adressant à une entreprise, mettez: *Messieurs / Madame, Monsieur*. Si vous écrivez à une personne que vous connaissez personnellement, écrivez: *Madame / Monsieur / Chère Madame / Cher Monsieur*. Si vous connaissez le titre de la personne, écrivez: *Monsieur le Directeur / Madame la Directrice / Madame la Présidente / Maître* (pour un avocat).
- Contrairement à l'usage en Allemagne, on utilise en France encore souvent la formule neutre *Messieurs* pour s'adresser à une entreprise.

Le corps de la lettre

Le texte à proprement dit commence par une majuscule au-dessous du titre. Le corps de la lettre comporte trois parties:

(1) **L'introduction:** une phrase ou un alinéa qui introduit le sujet et se réfère à une autre lettre, une offre, un entretien

26 **un alinéa:** Absatz; Einzug.

téléphonique, etc. Par exemple: *En réponse à votre lettre du 16 courant … / Suite à votre offre du …*

(2) **L'élaboration:** elle consiste en un ou plusieurs alinéas qui exposent le sujet, le fond de la lettre.

(3) **La conclusion:** une phrase ou un alinéa qui, en général, exprime un espoir ou une expression explicite d'être à la disposition du client.

La formule de politesse

Une salutation finale, en harmonie avec le texte, termine la lettre. Les Français tiennent énormément à une formule de politesse adéquate. Elle doit correspondre aux relations existantes entre les deux partenaires. Voici quelques exemples de formules de politesse:

- **À un supérieur hiérarchique** (formule très polie): *Je vous prie d'agréer, Monsieur, l'expression de mes sentiments respectueux.*
- **D'égal à égal** (formule passe-partout): *Nous vous prions d'agréer, Madame/Monsieur, l'expression de nos meilleurs sentiments.*
- **Dans les lettres courtes** (fax, e-mails): *Sincères salutations / Salutations / Salutations distinguées / Amicalement vôtre*

La signature

Elle s'appose au bas de la lettre à droite. Le/La fondé(e) de pouvoir qui signe pour son commettant ajoute au-dessus de son nom: *p. p.* (= par procuration). Un(e) employé(e) non fondé de

---

8 **la formule de politesse:** hier. Abschiedsformel. | 24 f. **le fondé / la fondée de pouvoir:** Handlungsbevollmächtigte(r), Prokurist(in). | 25 **le commettant / la commettante:** Auftraggeber(in).

pouvoir, autorisé par son chef à signer certaines lettres peu importantes, fera précéder sa signature de: *p. o.* (= par ordre). Une autre possibilité est de porter la mention: *Pour* devant le nom ou le titre de son chef (p. ex.: *Pour le directeur général*).

Les pièces jointes (P. J.)

Les pièces jointes, aussi appelées les annexes (*Ann.*) sont les documents que vous joignez à votre lettre. Normalement ces renseignements sont reportés au bas de la feuille, après la signature.

Quelques conseils

Le langage utilisé dans une lettre commerciale doit être soigné et courtois. Si possible, évitez des mots familiers. Ne faites pas de phrases trop longues ou trop lourdes. Utilisez des mots de liaison appropriés ne compromettant pas la logique. Évitez les répétitions et essayez de vous servir d'un vocabulaire précis. Remplacez des expressions comme: *C'est urgent* par: *Il est urgent*; *ça* par *cela* (ou, mieux encore, précisez plutôt que d'utiliser *cela*); *peut-être* par *il se peut que*. Préférez l'inversion du sujet et du verbe à la construction avec *est-ce que* (p. ex.: *Serait-il possible .../ Pourriez-vous me renseigner sur ...*). N'utilisez pas *les gens* et évitez le *on*. N'employez pas des mots imprécis tels que *choses, personnes*, mais précisez ce dont il s'agit. Attention: Quand vous employez le *nous* dans votre lettre, il faut garder le *nous* dans la formule de politesse (p. ex.: *Nous vous prions d'agréer, Messieurs ...*). Il faut retenir que le tact et la courtoisie dans les lettres commerciales françaises ont autant d'importance que le contenu en lui-même.

Exemple (1) – Lettre commerciale

_____ **DELACROIX** _____
1, Grand Rue * 67200 Strasbourg

Ets. KIKA
Service Consommateurs
16, place de la Concorde
F 69250 NEUVILLE

V/Réf:
N/Réf: D/g

Strasbourg, le 26 mai 2012

Objet: Demande de documentation

Messieurs,

Nous avons lu votre annonce publicitaire dans Le Point du 24 septembre.

Comme nous avons l'intention de moderniser notre mobilier de bureau, nous vous serions reconnaissants de bien vouloir nous adresser un aperçu détaillé de vos articles ainsi que vos tarifs et vos conditions de vente.

En espérant vous lire bientôt, je vous prie d'agréer, Messieurs, nos salutations distinguées.

Le directeur commercial
(signature)

_____

Société Anonyme au Capital de 800.000 €   Siège Social Correspondance et Commandes
RCS Strasbourg B 451 048 229   1, Grand Rue, F 67200 Strasbourg
Siret 972 432 116 0016   Tél 4567662 Fax 487663

24 le siret (*système informatique pour le répertoire des établissements*):
le numéro siret: 14stellige Registrierungsnummer aller französischen
Firmen im EDV-Verzeichnis.

Quelques phrases types

L'introduction
En réponse à votre fax du …

Suite à votre offre du …

Faisant suite à la visite de Monsieur Michel Leconte au Salon de Lyon, vous trouverez ci-joint l'information demandée.

Nous avons bien reçu votre lettre en date du …

Nous faisons référence à notre conversation téléphonique du … au sujet de …

Remercier:

Nous vous remercions de votre lettre/fax/e-mail du …

Nous vous sommes très reconnaissants d'avoir trouvé le temps de donner suite à notre demande.

Nous vous remercions pour les échantillons que vous avez bien voulu nous adresser.

À savoir
Vous pouvez remercier quelqu'un *pour* quelque chose ou *de* quelque chose.

Indiquer sa motivation:

Par la présente, nous vous informons que …

Nous accusons réception de votre lettre du …

Nous pouvons vous dire que …

Comme je vous l'ai déjà écrit, nous avons un besoin urgent de la marchandise.

Nous vous prions de nous faire offre de …

Excusez-nous de ne répondre qu'aujourd'hui à votre lettre du …

L'élaboration

Demander de l'information / de l'aide:

Nous vous serions très reconnaissants de nous répondre au plus tôt.

Nous vous serions très reconnaissants de bien vouloir nous donner l'information requise.

Merci de bien vouloir remplir et nous renvoyer la fiche ci-jointe en indiquant combien de personnes seront présentes.

Auriez-vous l'obligeance de nous faire savoir si vous pouvez nous livrer dans les délais?

Donner de bonnes nouvelles:

Nous sommes heureux de vous annoncer que …

Vous serez contents d'apprendre que …

Nous vous adressons ci-inclus les documents demandés.

Je vous joins notre nouvelle liste des prix.

Donner de mauvaises nouvelles:

Nous sommes au regret de vous annoncer que … / d'avoir à vous dire que …

Il s'est avéré malheureusement que …

Il n'y a malheureusement plus rien à y faire.

Nous sommes vraiment désolés de ne pouvoir vous donner de meilleures nouvelles.

S'excuser:

Nous vous prions de bien vouloir excuser cette erreur.

Désolé(e) de ne répondre qu'aujourd'hui à votre lettre.

Nous vous prions de bien vouloir nous excuser de vous avoir débité par erreur.

27 **débiter qn:** jdn. (mit einem Betrag) belasten.

La conclusion et la formule de politesse

Dans l'attente de votre réponse, nous vous prions d'agréer, Messieurs, nos salutations distinguées.

Nous espérons avoir répondu à vos questions, mais n'hésitez pas à nous contacter si vous avez la moindre question ou remarque.

Nous nous tenons à votre disposition pour tout renseignement complémentaire.

Si vous avez des questions, n'hésitez pas à entrer en contact avec nous.

Nous vous sommes très reconnaissants de toute la peine que vous avez bien voulu vous donner pour la réussite de cette affaire.

En conclusion, j'espère avoir le plaisir de vous rencontrer très bientôt à l'occasion de notre prochain congrès à Bruxelles et vous prie, d'agréer, Monsieur, mes salutations distinguées.

Vous adressant à l'avance nos meilleurs remerciements, nous vous prions d'agréer, Messieurs, l'assurance de nos sentiments (les plus) distingués. (adressé à un client) / ... l'expression de nos respectueuses salutations. (adressé à un supérieur)

Vous priant d'agréer l'expression sincère de notre reconnaissance pour les marques réitérées d'amitié que vous nous avez témoignées, nous serions contents d'avoir bientôt de vos nouvelles.

B. Les fax

Les fax sont normalement moins formels que les lettres et il n'existe pas de standard pour leur mise en page. Le niveau de formalité dépend des rapports existant entre l'expéditeur de la

23 **les marques réitérées d'amitié:** die wiederholten Freundschaftsbekundungen.

lettre et le destinataire. Sinon, les phrases utilisées pour les lettres commerciales se prêtent bien sûr tout aussi bien pour les fax.

Exemple (2) – Fax

—————————— **DELACROIX** ——————————
1, Grand Rue * 67200 Strasbourg

FAX
No. 145
P/J:
Date: 26/09/12

à Sté: D.P.S.K., 45 rue du Jardin, 6800 Colmar
        à l'attention de Mme Valentin
Objet: Votre commande du 28/02/2012 / Avis d'expédition

Suite à votre commande du 28/02/2012, nous vous informons avoir procédé aujourd'hui à l'envoi par la SNCF. La traite et les papiers relatifs à l'expédition ont été remis aujourd'hui au Crédit Lyonnais, Strasbourg, qui a pour ordre de vous remettre les documents après acceptation de la traite.

Nous espérons que cette affaire aura pu être réglée à votre satisfaction et qu'elle sera suivie d'autres commandes.

       Sincères salutations
       (Signature)

Société Anonyme au Capital de 800.000 €   Siège Social Correspondance et Commandes
RCS Strasbourg B 451 048 229   1, Grand Rue, F 67200 Strasbourg
Siret 972 432 116 0016   Tél 4567662 Fax 487663

La formule de politesse est plus courte que dans les lettres d'affaires. Souvent on met: *Salutations / Salutations distinguées / Sincères salutations*.

C. Les courriels / Les e-mails

L'un des avantages majeurs du courriel ou bien e-mail est sa rapidité et la possibilité relativement informelle de communiquer. Cela ne veut pas dire que vous ne devez pas vous efforcer de rédiger un e-mail formel lorsque vous vous adressez à un client important ou à un supérieur hiérarchique. Il est préférable d'employer un style plus formel, comparable à celui utilisé dans les lettres commerciales. Une communication claire, polie et respectueuse sera la preuve indéniable de votre crédibilité et de votre confiance.

Il existe quelques règles de base pour l'envoi des e-mails, dont vous trouverez ci-après un bref aperçu. Ce qui importe, c'est que vous soyez bref dans vos messages. Un e-mail doit demeurer court et concis. Si vous devez envoyer un long message ou un rapport, mettez-le en pièce jointe à votre e-mail. N'oubliez surtout pas de vérifier l'orthographe. Cela ne vous prendra que quelques secondes pour le faire avant d'appuyer sur le bouton «Envoyer». Ne sautez pas cette étape car un e-mail contenant des fautes d'orthographe, de grammaire ou une ponctuation déficiente sera perçu comme négatif et donnera l'impression que vous manquez de professionnalisme. N'oubliez pas de faciliter la lecture de votre message en y insérant des paragraphes. Lorsque vous recevez un document, une facture, un rapport ou une réponse importante à une question par e-mail, confirmez-en la réception à l'expéditeur. Le fait d'en confirmer la réception rassurera votre correspondant que son document est bien arrivé à destination.

Personnalisez vos messages en utilisant le nom de la personne pour la salutation, tel que vous le feriez dans une lettre.

---

13 **être bref, brève:** sich kurz fassen. | 20 **déficient, e:** mangelhaft.

Soyez poli. Un e-mail n'est pas un passe-droit pour les bonnes manières. De cette dite volonté de rapidité est né une sorte de code sous formes d'acronymes. Découvrez ci-dessous **une liste des acronymes** les plus communs. Faites attention: l'usage abusif d'acronymes ou de symboles conduit à une familiarité qui peut paraître déplacée à votre correspondant.

- BFN (anglais: bye for now) = *au revoir*
- BTW (anglais: by the way) = *à propos*
- FAQ (anglais: frequently asked questions / foire aux questions) = *les questions les plus fréquentes*
- FYI (anglais: for your information) = *pour votre information*
- BRB (anglais: be right back) = *je reviens tout de suite*
- ASAP (anglais: as soon as possible) = *dès que possible*

Aujourd'hui, beaucoup de pays utilisent le courrier électronique comme moyen de communication. Utiliser l'e-mail pour des communications internationales évite l'attente de courrier postaux et les problèmes de décalage horaire. Le fait que l'e-mail traverse les cultures et les fuseaux horaires oblige à connaître les coutumes du pays de votre correspondant. Il est possible que votre e-mail arrive en dehors des horaires de bureau ou pendant une fête dont vous ignoriez l'existence et que vous ne recevez pas de réponse avant quelques jours: soyez donc patient et accordez un délai de réponse à votre correspondant avant de renvoyer le même message. Lorsque vous envoyez un message international, soyez certain d'utiliser les conventions de date et d'heures appropriées sans lesquelles des malentendus peuvent se produire (p. ex.: le

1 f. **ne pas être un passe-droit pour les bonnes manières:** etwa: kein Freischein für schlechtes Benehmen sein. | 5 **abusif, -ive:** übermaßig | 17 **le décalage horaire:** Zeitverschiebung. | 18 **le fuseau horaire:** Zeitzone.

16 mai 2012, en France, s'écrit «16/05/2012», en Amérique «05/16/2012»).

Quant aux informations vous concernant, il est d'usage de fournir votre adresse postale ainsi que votre numéro de téléphone et l'indicatif international s'y rapportant lorsque vous communiquez avec l'étranger. Exemple : +33 (0)5 63 00 08 89.

> ### Conseil
> ### À éviter :
> - Envoyer des messages en majuscules. Écrire en majuscules équivaut à crier son message.
> - Envoyer des messages de façon répétée : Envoyer plusieurs fois le même message à un de vos correspondants peut être ressenti comme du harcèlement. Il est préférable et plus courtois de laisser un délai de réponse à votre destinataire avant de lui renvoyer votre message. Beaucoup de gens planifient leurs connexions et ne vérifient leurs messages qu'à des horaires précis de la journée.
> - Symboles (smileys ou émoticônes) : Ces petits symboles, créés pour transcrire un état d'esprit et ajouter un peu de chaleur aux messages, n'ont bien sûr pas leur place dans toute correspondance commerciale.

---

10 **équivaloir à qc:** einer Sache gleichkommen, entsprechen. | 13 **le harcèlement:** Belästigung. | 16 **planifier ses connexions:** etwa: E-Mails nur innerhalb eines bestimmten Zeitplans bearbeiten.

Annexe

17. Savoir épeler correctement

Épeler dans une langue étrangère est toujours difficile. Connaître l'alphabet phonétique et la prononciation des sons est essentiel. Le tableau ci-dessous qui contient l'alphabet des sons vous aidera à prononcer correctement. Pourquoi ne pas en faire une copie et la placer à côté de votre téléphone? Ainsi, vous serez toujours bien préparé en ce qui concerne la prononciation française.

Voyelles
Exemples prononciation

a	patte
ɑ	pâte, glas
e	clé, chez, aller
ɛ	mère, est, faite
ə	repeser
i	si, île, y
œ	sœur, jeune
ø	ceux
o	sot, hôtel, haut, bureau
ɔ	sort
u	coup
y	tu, sûr

Nasales
Exemples prononciation

ɑ̃	sans, vent
ɛ̃	vin, chien, train, plein
œ̃	brun
ɔ̃	son

Semi-voyelles

Exemples prononciation

j	**fief**, pa**y**er, fi**ll**e, trava**il**
w	**oui**, **l**oi, mo**y**en, **w**eb
ɥ	h**ui**t

Consonnes

Exemples prononciation

b	**b**eau
d	**d**oux
f	**f**ête, **ph**armacie
g	**g**ain, **gu**erre
k	**c**abas, ar**ch**aïque, **k**elvin
l	**l**oup
m	**m**ou, fe**mm**e
n	**n**ous, bo**nn**e
ɲ	a**gn**eaux
ŋ	parki**ng**
p	**p**assé
R	**r**oue, **rh**ume
s	**s**a, hau**ss**e, **c**e, gar**ç**on, op**t**ion, **s**cie
ʃ	**ch**ou, **sh**ampooing
t	**t**out, **th**é
v	**v**ous, **w**agon
z	ha**s**e, **z**éro
ʒ	**j**oue, **g**eai

Unités suprasegmentales

Exemples prononciation

ˈ	mo**y**en [mwaˈjɛ̃]
ˌ	pa**y**s [pe.i]
ˌ	les a**gn**eaux [lezˌaˈɲo]

Deux alphabets phonétiques

Il existe plusieurs alphabets phonétiques pour épeler. Voici les deux les plus communs en français.

L'alphabet phonétique français

A	(a)	comme	Anatole
B	(be)	comme	Berthe
C	(se)	comme	Célestin
D	(de)	comme	Désiré
E	(ø)	comme	Eugène
F	(ɛf)	comme	François
G	(ʒe)	comme	Gaston
H	(aʃ)	comme	Henri
I	(i)	comme	Irma
J	(ʒi)	comme	Joseph
K	(ka)	comme	Kléber
L	(ɛl)	comme	Louis
M	(ɛm)	comme	Marcel
N	(ɛn)	comme	Nicolas
O	(o)	comme	Oscar
P	(pe)	comme	Pierre
Q	(ky)	comme	Quintal
R	(ɛr)	comme	Raoul
S	(ɛs)	comme	Suzanne
T	(te)	comme	Thérèse
U	(y)	comme	Ursule
V	(ve)	comme	Victor
W	(dubløve)	comme	William
X	(iks)	comme	Xavier
Y	(igrek)	comme	Yvonne
Z	(zɛd)	comme	Zoé

Le Code International de la Navigation Aérienne (ICAO)

A	(a)	comme	Alpha
B	(be)	comme	Bravo
C	(se)	comme	Charly
D	(de)	comme	Delta
E	(ø)	comme	Echo
F	(ɛf)	comme	Foxtrot
G	(ʒe)	comme	Golf
H	(aʃ)	comme	Hôtel
I	(i)	comme	India
J	(ʒi)	comme	Juliet
K	(ka)	comme	Kilo
L	(ɛl)	comme	Lima
M	(ɛm)	comme	Mike
N	(ɛn)	comme	Novembre
O	(o)	comme	Oscar
P	(pe)	comme	Papa
Q	(ky)	comme	Québec
R	(ɛr)	comme	Romeo
S	(ɛs)	comme	Sierra
T	(te)	comme	Tango
U	(y)	comme	Uniforme
V	(ve)	comme	Victor
W	(dubløve)	comme	Whiskey
X	(iks)	comme	X-ray
Y	(igrek)	comme	Yankee
Z	(zed)	comme	Zulu

Les signes de ponctuation et les symboles

,	une virgule	é	un accent aigu
'	une apostrophe	è	un accent grave
-	un trait d'union	â	un accent circonflexe
~	un tilde	ü	un tréma
/	un slash	ç	une cédille
:	un deux-points	@	un/une arobase
;	un point-virgule	ABCD	les lettres capitales
–	un tiret	abcd	les lettres minuscules
_	un sous-tiret		

18. Nombres cardinaux et ordinaux

(1) Les nombres cardinaux

En orthographie française, les nombres inférieurs à cent doivent être reliés par des traits d'union. Par contre, on ne met jamais de trait d'union ni avant ni après les nombres suivants:

100	cent
1000	mille
	le millier
1 000 000	un million
1 000 000 000	un milliard
et un	p. ex. vingt et un (21)
et onze	p. ex. soixante et onze (71)

> **À savoir**
>
> Quand vous entendez par exemple *Les gens sont venus par milliers*, cela veut dire qu'il y avait un très grand nombre de gens. *Un millier*, c'est donc soit une quantité égale à mille ou indéterminée d'environ mille, soit, au sens figuré, une très grande quantité.

Quelques exemples de nombres cardinaux et leur orthographe

24	vingt-quatre
124	cent vingt-quatre
432	quatre cent trente-deux
61	soixante et un
1224	mille deux cent vingt-quatre
115 971	cent quinze mille neuf cent soixante et onze
1 000 320	un million trois cent vingt

---

8 **le millier:** ungefähr tausend; das Tausend (Maßeinheit).

Quelques particularités des nombres cardinaux français

Les nombres cardinaux servent à définir le nombre exact de quelque chose (personnes, voitures, etc.). Ils sont invariables et ne s'accordent généralement pas avec le nom auquel ils se rapportent. Quelques exemples: *Ces **douze** camions appartiennent à l'entreprise. / **Trente** maçons travaillent sur ce chantier. / Ce livre comporte **soixante** pages. / Nos **quatre** principaux concurrents sont ...*

Les nombres 20 et 100: Par contre, les numéros *vingt* et *cent* sont variables. Ils prennent un -s quand ils sont multipliés par un nombre **et** (!) qu'ils ne sont pas immédiatement suivis d'un autre nombre. En clair: ils prennent un -s lorsqu'ils sont seulement multipliés par un autre nombre: *Les quatre-vingts personnes présentes ...* (c'est-à-dire 4 × 20 personnes). / *Les quatre-vingts concurrents suivants sont éliminés. / Il me doit deux cents euros. / Il doit cinq cents millions d'euros à la banque.* (*Million* n'est ici pas un adjectif numéral, mais un nom!) / *Nous avons expédié trois cents colis la semaine dernière.*

Suivis d'un autre nombre, ils restent au singulier: *Ça fait trois cent quatre-vingt et un euros. / Quatre-vingt-deux véhicules.*

Attention! Si ***quatre-vingt*** ou ***cent*** sont immédiatement suivis des noms *millier/million/milliard* (qui ne sont pas des adjectifs numéraux cardinaux mais des noms communs), on les écrit **au pluriel**: *Il doit quatre-vingts millions d'euros. / Cet organisme gère six cents millions de francs.*

Le nombre 1000: est un déterminant numéral cardinal toujours invariable. Par exemple: *mille personnes / vingt-quatre mille euros.*

Bon à savoir

- Pour les nombres de *1100 à 1999* on peut dire: *1500 = quinze cents* ou *mille cinq cents*. Pour *1999* on dit normalement: *mille neuf cent quatre-vingt-dix-neuf*.
- Lorsque quelqu'un vous parle de ses *mille et un* soucis, il essaie de vous faire comprendre qu'il en a bien beaucoup.
- Un *nombre entier* est un nombre sans virgule (p. ex. 161). Un *nombre décimal* possède un nombre fini de chiffres après la virgule (p. ex. 16,60).

Les collectifs

une paire
une demi-douzaine (6)
une douzaine (12)
une vingtaine (environ 20)
une trentaine (environ 30)
une centaine (environ 100)

Les multiplicatifs

double	= deux fois
triple	= trois fois
quadruple	= quatre fois
quintuple	= cinq fois
sextuple	= six fois
septuple	= sept fois
octuple	= huit fois
nonuple	= neuf fois
décuple	= dix fois
centuple	= cent fois

Les fractions

$\frac{1}{2}$	une/la moitié / un(e) demi(e)
$\frac{1}{3}$	un/le tiers
$\frac{2}{3}$	les deux tiers
$\frac{1}{4}$	un/le quart
$\frac{3}{4}$	trois quarts
$\frac{6}{8}$	les six huitièmes
$\frac{1}{5}$	un/le cinquième
$\frac{1}{6}$	un/le sixième
$\frac{1}{7}$	un/le septième
$\frac{1}{8}$	un/le huitième
$\frac{1}{9}$	un/le neuvième
$\frac{1}{10}$	un/le dixième
$\frac{3}{50}$	trois cinquantièmes
$\frac{1}{100}$	un centième

Divers

un billion	un million de millions (soit 10^{12})
un trillion	un milliard de milliards (soit 10^{18})
un quatrillion	un million de trillions (soit 10^{24})
un quintillion	un million de quatrillions (soit 10^{30})

Bon à savoir

Un quadragénaire est une personne ayant 40 ans. En conséquence, on parle des *quinquagénaires* (50 ans), des *sexagénaires* (60 ans), des *septuagénaires* (70 ans), des *octogénaires* (80), des *nonagénaires* (90 ans) et des *centenaires* (100 ans).

(2) Les nombres ordinaux

Les nombres ordinaux expriment un classement ou un ordre.

24^e	vingt-quatrième
61^e	soixante et unième
124^e	cent vingt-quatrième
432^e	quatre cent trente-deuxième
1224^e	mille deux cent vingt-quatrième
115 971^e	cent quinze mille neuf cent soixante et onzième
1 000 320^e	un million trois cent vingtième

Ils s'accordent en genre et en nombre avec le nom qu'ils qualifient. Par exemple: *Ce sont les troisièmes plus importants acheteurs au monde.*

Abréviations

On peut abréger les nombres ordinaux en faisant suivre le nombre de deux ou de trois lettres minuscules surélevées:

1er = premier
1ers = premiers
1re = première
1res = premières
2e = deuxième
2es = deuxièmes

Conseil

Évitez d'écrire ^{ier}, ^{ième} et ^{ème}.

19. La date

Pour demander la date, vous pouvez dire:

Quel jour / Le combien sommes-nous aujourd'hui?
On est quel jour?
Quelle est la date d'aujourd'hui?
On est le combien aujourd'hui?

La réponse peut être:

Nous sommes… / On est le 4 (quatre) avril.

On écrit	On dit
16/12/11	le 16 (seize) décembre deux mille onze
1990	(en) mille neuf cent quatre-vingt-dix

À savoir

- Contrairement à l'allemand, on utilise en français les nombres cardinaux pour se référer à la date. On dit: *le trois mars, le dix-huit juin*, etc. Pour le premier jour du mois, on utilise le nombre ordinal *premier* (*C'est le premier mai*).
- Notez bien qu'il n'y a pas de point après le chiffre.

20. Donner l'heure

Pour demander l'heure, vous pouvez dire:

Quelle heure est-il, s'il vous plaît?
Excusez-moi, vous avez l'heure, s'il vous plaît?
Avez-vous l'heure?
Il est quelle heure?

La réponse peut être:

Il est huit heures (du matin / du soir).
Il est vingt heures.

On écrit	On dit	Notez bien
15h	Il est quinze heures.	L'heure pile n'est pas suivie de deux zéros à l'écrit. (C'est alors 15h et non 15:00 h.)
9h30	Il est neuf heures et demie. Ou: Il est neuf heures trente.	À l'écrit, on n'ajoute pas de zéro devant le chiffre des heures (ni devant celui des minutes ou des secondes quand ceux-ci sont inférieurs à 10. C'est alors 4h 3 ou 5h 40min 3s.)
10h15	Il est dix heures et quart. Ou: Il est dix heures quinze.	
11h45	Il est midi (minuit) moins le quart. Ou: Il est onze heures quarante-cinq.	

| 12h | Il est midi. |
| 0h | Il est minuit. |

Conseils

- Dans les **lettres commerciales**, vous mettez toujours d'abord la ville, puis la date, les deux séparées par une virgule. Par exemple: *Stuttgart, le 6 juin 2012.*
- À l'écrit, vous écrivez le mot *heure* en toutes lettres si le mot *minute* l'est également. Exemple: *La réunion est fixée à 16 heures 30 minutes.* Ou bien, vous abrégez le mot *heure* par *h*, si le mot *minute* est abrégé (par *min*) ou absent. Exemple: *La réunion est fixée à 16h 30 (min).*
- Dans les **horaires de trains, de bus ou d'avion** et les **tableaux**, l'heure peut être représentée sous forme numérique. Le symbole *h* est remplacé par un deux-points. Un zéro est alors placé devant le chiffre des minutes, lorsqu'il est inférieur à 10, par exemple: 22:04.
- Attention aux **prépositions de temps:** *La réunion de travail commence à 8 heures. / Nous serons en réunion à partir de 8 heures. / Venez me rendre visite après deux heures ou, mieux encore, avant trois heures. / On se réunira en début d'après-midi. / Donnez-moi un coup de fil avant votre départ / avant de partir. / Rendez-vous dans une heure. / Je serai là en cinq minutes. / Je suis en France depuis deux jours. / Pendant mon séjour, j'aimerais bien faire un tour en ville. / Il y a trois ans, j'ai visité le Louvre pour la première fois. / Il y a dix ans que je veux visiter le Louvre, mais je n'ai toujours pas trouvé le temps de le faire. / Ça fait deux heures qu'il est au téléphone. / Depuis que j'ai arrêté de travailler, j'ai commencé à fumer.*

21. Organigramme type d'une société française

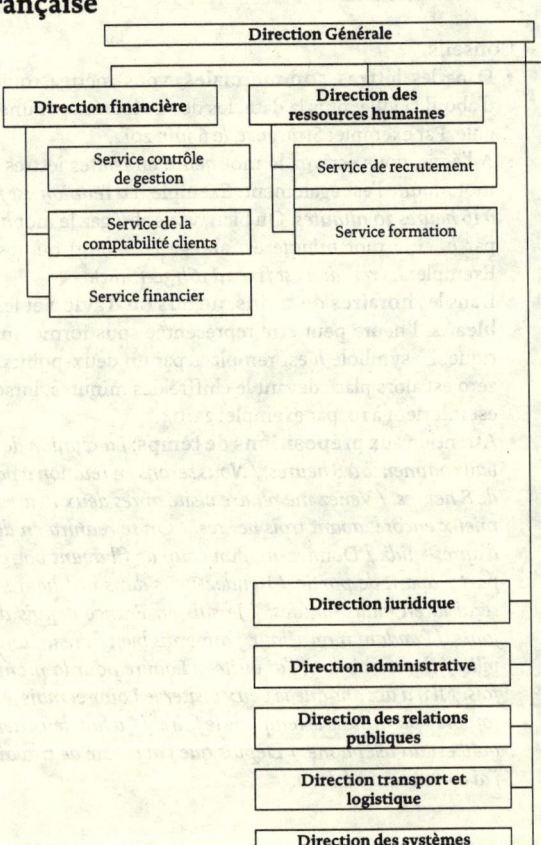

Direction Générale

Direction financière

- Service contrôle de gestion
- Service de la comptabilité clients
- Service financier

Direction des ressources humaines

- Service de recrutement
- Service formation

Direction juridique

Direction administrative

Direction des relations publiques

Direction transport et logistique

Direction des systèmes informatiques

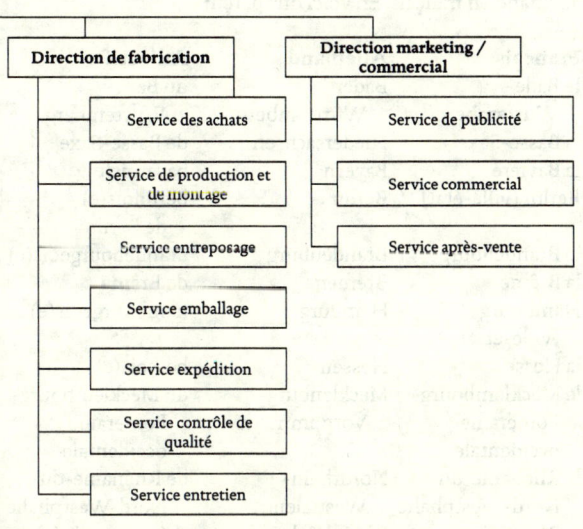

Direction de fabrication	Direction marketing / commercial
Service des achats	Service de publicité
Service de production et de montage	Service commercial
Service entreposage	Service après-vente
Service emballage	
Service expédition	
Service contrôle de qualité	
Service entretien	

22. Noms français des *länder*

Il peut vous être utile de savoir dire et écrire le nom des *länder* allemand en français. En voici un aperçu:

Français	Allemand	Adjectif
le Bade-Wurtemberg	Baden-Württemberg	du Bade-Wurtemberg
la Basse-Saxe	Niedersachsen	de Basse-Saxe
la Bavière	Bayern	bavarois(e)
Berlin (ville-état)	Berlin	berlinois(e) / de Berlin
le Brandebourg	Brandenburg	brandebourgeois(e)
la Brême	Bremen	de Brême
Hambourg (ville-état)	Hamburg	hambourgeois(e)
la Hesse	Hessen	hessois(e)
le Mecklembourg-Poméranie occidentale	Mecklenburg-Vorpommern	du Mecklembourg-Poméranie occidentale
la Rhénanie-du-Nord-Westphalie	Nordrhein-Westfalen	de Rhénanie-du-Nord-Westphalie
la Rhénanie-Palatinat	Rheinland-Pfalz	rhéno-palatin(e)
la Sarre	Saarland	sarrois(e)
la Saxe	Sachsen	saxon(ne)
la Saxe-Anhalt	Sachsen-Anhalt	de Saxe-Anhalt
le Schleswig-Holstein	Schleswig-Holstein	du Schleswig-Holstein
la Thuringe	Thüringen	thuringien(ne)